書籍編集者が教える

出版は企画が9割

仕事に
つながる出版と
つながらない出版

山田 稔

はじめに

「出版したらビジネスが加速します」「名刺代わりに出版しましょう」などと吹聴している人がいますが、たんに出版しただけでは、なかなかビジネスにはつながりません。むしろ、内容によっては逆ブランディングになってしまうこともあります。

出版してビジネスを加速させるためには、読者の悩みにしっかり応え、信頼を獲得しなければなりません。ところが、名刺代わりの出版で果たして読者の信頼は獲得できるでしょうか？　もちろん、答えはノーですよね。

ただ、逆に言えば、読者の悩みにしっかり応え、読者の信頼を獲得できるような企画で出版することができたのであれば、出版してビジネスを加速させることは可能です。ただし、出版してビジネスを加速させるためには、それなりの企画を立てる必要があります。つまり、出版してビジネスを加速させるためには、企画が9割ということです。

もし、本気で出版してビジネスを加速させたいのであれば、その企画の立て方を知りたいとは思いませんか？

それとも、まだビジネスにつながらないばかりか、逆ブランディングになってしまいかねない出版を目指しますか？

私は、高校生の時から出版社の書籍編集部でアルバイトをしており、25歳で独立してから25年もの間、書籍編集者として1000冊以上の出版に関わってきました。15年前からは書籍編集者の傍ら、出版実現コンサルタントとしての活動も開始し、全国津々浦々から200人以上の著者を輩出してきました。

今回、この本には、そんな私が培ったノウハウの中から、出版してビジネスを加速させるために必要なノウハウを抽出し、それを初心者にも分かりやすく体系化してまとめてあります。これまで、「出版したらビジネスが加速します」「名刺代わりに出版しましょう」などと吹聴している人にそそのかされ、意味のないどころかマイナスになるような出版をしてきた人をたくさん見てきました。今後、そんな不幸な著者が生まれないようにこの本を書きました。

逆に言えば、この本は出版してビジネスを加速させたい人に向けた本であって、出版してベストセラー著者になりたいという人にはあまり意味がありません。出版してビジネスを加速させたい人だけお読みいただけたらと思います。

個人的には、そこらへんの高額な出版コンサルティングの内容より濃い内容を書いた自負があります。

これだけ胸を張って、出版してビジネスを加速させるための方法を書いたといっている以上、私が読者の悩みにしっかり応えずに、信頼を獲得できないような本を出版するはずはありませんからね。それだけに期待して読んでいただけたらと思います。

そして、しっかりとビジネスを加速させられる企画を立てて、出版を実現してくださいね。

2021年11月吉日

山田　稔

CONTENTS

CHAPTER 01

商業出版でビジネスを加速させる方法

CHAPTER 02

ビジネスを加速させる企画の考え方

CHAPTER 03

出版社に採用される出版企画書とは

CHAPTER 04

出版社への出版企画書の売り込み方

CHAPTER 05

ビジネスが加速する書籍の原稿の書き方

CHAPTER 06

刊行された書籍の売り方・使い方

CHAPTER

01

商業出版でビジネスを加速させる方法

SECTION 01

商業出版でビジネスを加速させるために

商業出版を目指す前に知っておいて欲しいこと

商業出版を目指すのであれば、まずは出版物について知りましょう。「商業出版」とひと言でいっても、出版物にはさまざまなジャンルやカテゴリがあるのをご存知でしょうか。

次ページの図のように、雑誌や写真集、漫画、文芸書、エッセイ、学習参考書は、これから本書で取り上げる実用書と同じ出版物です。しかし、同じ出版物でありながらも、それぞれ、企画の考え方や本の作り方、販促方法などがまったく違います。

出版社の中は、制作する出版物の種類によって編集部が分かれています。雑誌の編集部、漫画の編集部、一般書の編集部などがあり、各編集部の中に、編集長や編集者が在籍しています。

ここで皆さんに知っていただきたいのは、編集部が異なると、同じ出版社の編集者であっても、部署の垣根を超える話に関してはよくわからないということです。よく勘違いされるのですが、編集者だからといって出版についてなんでも知っているわけではありません。

私は約20年以上にわたり書籍の編集を行なっていますが、手掛けた出版物の多くは実用書です。ですから、実用書に関することであれば大抵のことは把握していますが、それ以外の出版物となると話は別です。実用書で通用するノウハウも、他の出版物では通用しないでしょうし、実用書以外の出

商業出版を目指す前に知っておいて欲しいこと

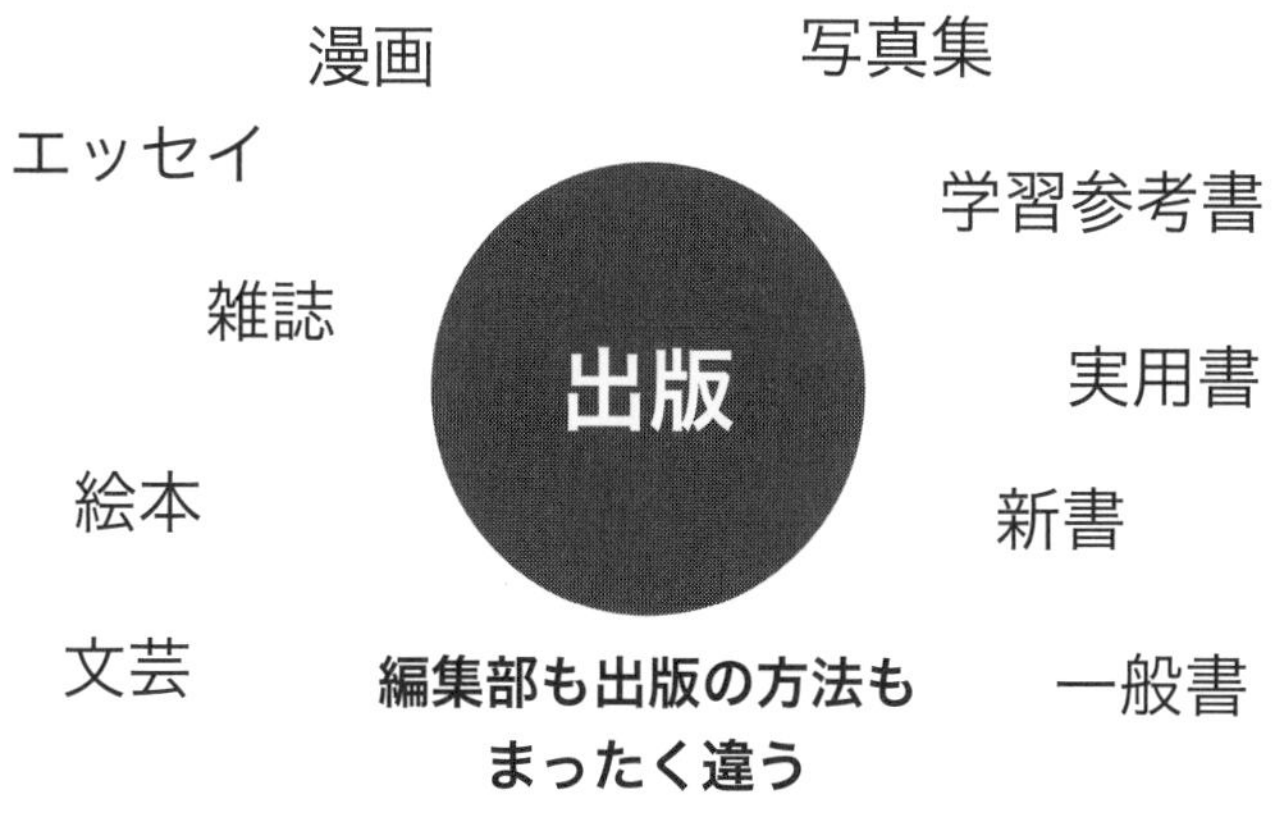

版物を手掛ける編集者と知り合う機会も滅多にありません。事実、実用書や実用書に近い一般書を作る編集者とは交流がありますが、絵本の編集者とは未だかつてお会いしたことがありません。いくら同じ出版業界であっても、出版物や編集部が異なるということは、まったく別の世界の話になると思っていただいてもいいくらいです。

もしあなたが商業出版を目指されるのであれば、今お伝えしたように、出版物にはカテゴリやジャンルによって編集部が異なることを覚えておいてください。そして、それぞれの持つ企画の立て方などのプロセスがまったく違うことも知っておいてください。その上で、自分がどのカテゴリで出版したいのかを考え、目指すべき出版物に相応しい戦略を練っていってください。

一般書と実用書は共存しない

出版物はカテゴリによってプロセスやノウハウがまったく違うとお伝えしましたが、その中でも一般書と実用書は、一部似ているところがあります。

一般書と実用書の違いについては出版業界の中でも意見が分かれるところです。結論の出ないテーマではありますが、私は、この2つは似て非なるものであると捉えています。そう考える理由は全部で5つあります。

まず、一般書と実用書が異なるところは、書籍に付けられるタイトルの傾向です。

一般書には、書店に訪れたお客さんの興味を引きつけられるようなインパクトのあるタイトルが付いています。一般書の内容は、面白そうな本を探しに書店に訪れた人の好奇心を満たすように作られますから、書籍のタイトルを見た人が「面白そう」「なんだろう？」と、瞬間的に感じるようなタイトルが付けられています。

一方、実用書は、ベネフィットや読後に得られる効果が伝わるようなタイトルが付けられています。実用書は、悩みや欲求を解消したくて書店にヒントを探しに訪れた人へ向けて作られますから、書籍のタイトルは、「これで悩みが解消されるかも」「この本を読めば○○ができるようになるかもしれない」と感じさせられるものが付けられるのです。

次に、売れ方においても違いがあります。

一般書を売る際に重要なのは、その書籍が世間で話題になるかどうかです。なぜなら一般書の場合は、できるだけ多くの人の興味関心を引きつけ、その引きつけられた人々が気になって書籍を買うというようなプロセスで売れていく傾向があるからです。ですから、書店以外の場所でもどんどん露出するように仕掛けられます。例えば、雑誌やテレビで取り上げてもらえるようにするとか、ネットでバズが起こりやすくするといったことです。

それに対し実用書の内容は、悩みや欲求に訴求したものですから、「〇〇がしたい」など、悩みや欲求を抱えた人が、Amazonのようなネット書店やリアル書店で、書籍を見つけて買っていくというプロセスで売れていきます。

3つ目は、本の作り方や企画の立て方における違いです。

一般書の場合は、どちらかと言えば切り口勝負です。ここでいう切り口とは、簡単にいうと面白いかどうか。ある特定のテーマを、いかに好奇心をくすぐる形にして打ち出せるかというところが勝負所です。

「〇〇するなら▲▲をやめなさい」のように、命令調かつ意外性を打ち出すようなタイトルがついた書籍を見たことがあると思います。同じことを伝えるにしても、少し煽るようなタイトルだったり、命令調なタイトルだったりすることが多いのが一般書です。

では、実用書の場合はどうでしょうか。実用書の場合は、面白さよりもわかりやすさが勝負です。例えばマイクロソフト社のワードの使い方を伝えるのであれば、どれだけわかりやすく伝えられるかが重視されます。

ここに、「はじめてでも一週間でわかるワード」というタイトルの書籍があったとしましょう。この場合、書籍を購入する人は、おそらく初めてワードを使う人です。なので、書籍に求められることは、ワードのことをまったく知らない人でもきちんと使えるようになること。丁寧に解説し、タイトルで約束したレベルまでは、読者をきちんと導いてあげることです。

4つ目、本の著者にも違いがあります。

先ほどもお伝えしたように、一般書は話題になることで買われる仕組みになっています。ということは当然、著者選びも重要になるわけです。既に影響力のある人や知名度のある人が著者になれば、それだけで書籍が売れることもありますし、帯にも著名な人の顔写真やコメントが掲載されていれば、より書籍は売れやすくなります。一般書の読者が、好奇心を刺激されて書籍を購入することを考慮すると、話題性のある人や著名な人が著者になっていたり、帯に出ていたりすることは、書籍の売れ行きに大きく影響する大切な要素なのです。

一般書は既に影響力のある人が著者になりやすいのに対し、実用書の場合は必ずしもそうではありません。実用書の場合は、何かのテーマに特化していることが大事なので、特定のテーマの専門家であれば出版する権利があると言えます。要するに、あなたが今の時点で有名ではなかったとしても、そのテーマにおいては専門家だと言えるのであれば、著者になれる可能性があるというわけです。

5つ目は、編集者の考え方や期待における違いです。

これまで何度かお伝えしていますが、一般書は、多くの人の話題になることで買われる仕組みです。ですから一般書の編集者としては、作る段階からその書籍がベストセラーになることを期待します。

でも実用書の場合は、一般書のように勢いよく売れません。ですから編集者は、手堅く買われていくことを考え好奇心を刺激するような面白さよりも、読者の人の悩みや欲求に寄り添い、読者から感謝してもらえるような書籍を作ろうとします。

このように、一般書と実用書では似ているようで異なる点が多くあります。ベストセラーを狙う一般書と手堅く売れることを考える実用書では、基本的に考え方が違います。ですから、この2つはまったく別のものであると考えてよいと言えます。

商業出版を目指される人の中には、まれに「ベストセラーとなる本を書いて、仕事にもつながる本が作りたい」と言う人がいますが、それは難しいです。でも、出版のタイミングと世間から注目されていることが合致した場合などで、実用書でも運よくベストセラーになることもあります。あるいは、一般書でベストセラーを狙って作った書籍が、たまたま仕事にもつながったといったことも、もちろん起こり得ます。そんなラッキーに恵まれることもありますが、それは狙ってできることではありません。

一般書と実用書のビジネスへのつなげ方の違い

出版することでビジネスを加速させていこうというのが本書の狙いですが、実際、出版した後にビジネスでどのような変化が起こるのかがわからない人もいます。なのでここでは、一般書と実用書におけるビジネスへのつながり方の違いについてお伝えします。

一般書も実用書も、ビジネスにつなげることができます。ただ、この2つはそれぞれ、つながる先が違います。つながる先が違うとは、どういうことでしょうか。

一般書の場合は、繰り返しお伝えしているように多くの人の好奇心をフックにして買ってもらうような仕掛けですから、やってくる仕事としては講演会やテレビのコメンテーターのような仕事が多くなります。「切り口の面白い書籍の著者なので、面白い話をしてくれそう」あるいは「この先生なら、いいコメントをくれるのでは」という期待のされ方をするので、メディアに関する仕事が増えるのです。他にも、講座のような短期間で多くの集客を必要とするビジネスにつながることもあります。

ベストセラーを狙う一般書の場合、瞬間風速的に売れるような本の作り方をしますから、その一気に集まった人たちの中から、集客できるのです。

しかしながら、集まってきた人たちの熱量というのは、好奇心からくる場合がほとんど。必ずしも、自分のビジネスのテーマに関心のある人たちとは限りません。一般書をビジネスにつなげることは不可能ではありませんが、そうしたギャップをどのように埋めるのかは考えなくてはならないところです。

一方実用書というのは、悩みや欲求に対して訴求します。そのため、仕事につながる先としては、セミナーや研修が多くなります。呼ばれた先のセミナーや研修で、きちんと自分の持つコンテンツやノウハウをしっかり伝え、お客様に満足してもらい、ファンを少しずつ増やしていくというようなビジネスのつながり方になります。

では実用書を出版すると、一般書のようにメディアへの出演オファーはないのかというと、決してそういうわけではありません。実用書を出版してメディアからのオファーが増えるということは、余程ニッチなテーマの専門家であり、かつそのテーマに関する何かニュースが発生した時に限ってオファーされるケースが多いです。そのような場合は、おそらくコメンテーターとして出演することになるのでしょうが、コメンテーターの仕事は単発的なものがほとんど。そう考えると、安定的に仕事が発生するとは言い難いですね。

このように、実用書の出版からつながるビジネスは、自分の今の仕事に直接関連する仕事のオファーになりやすいです。それはやはり、そもそも実用書というものが、悩みや欲求を抱えている読者に対し、その答えを本の内容として提供するものだからでしょう。

仮にあなたが、自分の集客について悩んでいたとします。頑張っているのになかなか周囲に理解してもらえないとか、営業して話は聞いてもらえるけれど、成約できない。そんな悩みを抱えていたとします。そのような時に、書店で自分の悩みが解決できそうな書籍を見つけます。そして、その書籍の内容に沿って行動したら改善できた。でも、本当にこれで大丈夫なのだろうか。もう少しきちんと知りたいので、この著者の人の講座を受けてみよう。と、なったりするわけです。

この段階では、既に書籍に書かれている内容を実践したことで悩みは改善したわけですし、読者のほうにはそのことに対する感謝が生まれています。「自分がずっと悩んでいた悩みを、本1冊で解決するなんて、この先生はすごいなあ」というように、読者から信頼もされています。

この話はもちろん作り話ですが、似たようなことは現実として起こっています。

事実、私のところから出版した著者たちも、書籍の読者からオファーをもらい、出版を機にビジネスを加速させていっています。実用書は、一般書のように短期で一気にかつ大量に集客するようなことは難しいです。その代わり、その時その時に悩んでいる人たちが読者になってくれます。勢いには欠けるかもしれませんが、長期的な集客をしたい場合には、強みを発揮します。

一般書と実用書では刊行後の売れ方も違う

一般書と実用書のビジネスへのつなげ方の違いに関して、一般書は短期的に人を集めるのに向いており、実用書は長期的に人を集めるのに向いているということをお伝えしました。ここでは、その理由について、もう少し詳しく説明していきます。

一般書と実用書で集客の仕方に違いが生じるのは、両者における刊行後の売れ方が関係しています。繰り返しお伝えしているように、一般書の場合はより多くの人に手に取ってもらえるように作られますから、刊行後の売れ方のイメージとしては、下図のように瞬間風速的なものになります。

一般書は露出することで売れていく類の出版物です。ですから極論を言えば、いかにして露出させるかが大事になります。出版の世界は、毎日何冊もの書籍が発刊されるので、売れ行きが収束し始めると、たちまち書店に置かれなくなっていくというシビアな世界でもあります。ですから、売れるときに勢いよく売っておかなければなら

一般書の売れ方のイメージ

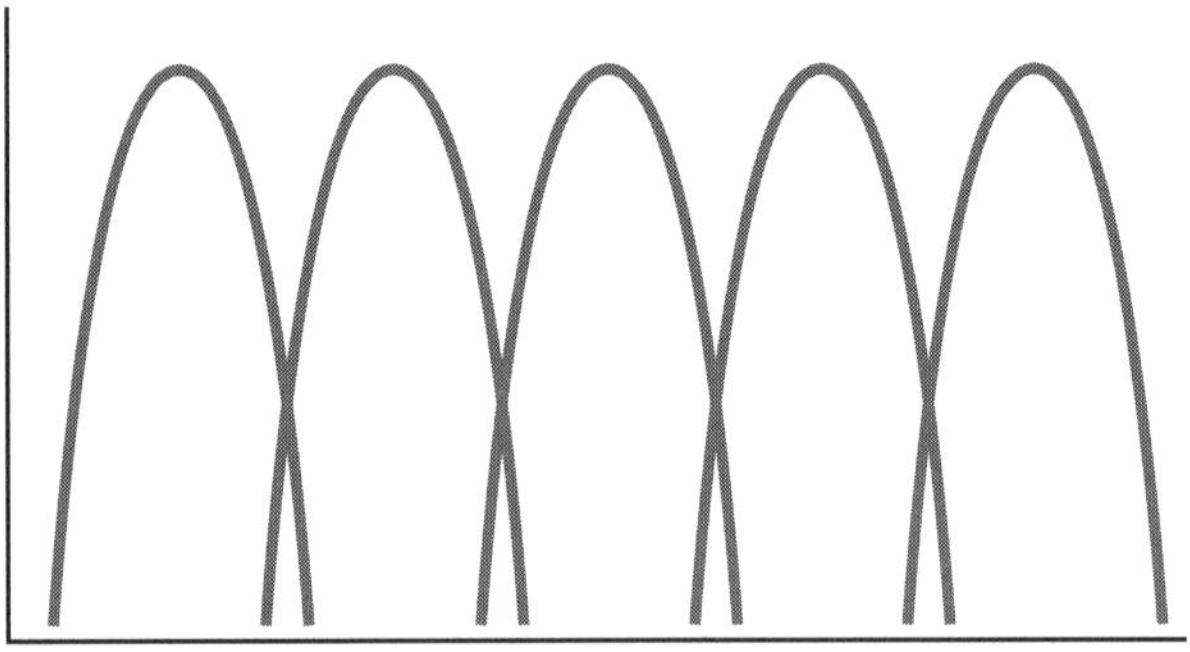

ないのです。

ただ一般書の場合は、たとえ一回収束してしまったとしても、メディアで再び話題になったり、インフルエンサーが拡散させたりすれば、また勢いよく売れることがあります。露出している間は売れるけれど、露出しなくなって話題性がなくなると途端に売れなくなっていく……。それが一般書の売れ方の特徴です。

出版社もこのような特徴を熟知していますので、最初からこうした特徴を踏まえた売上計画を立てていきます。そのようなこともあり、一般書の多い出版社の場合は、瞬間的でも話題をさらえるような煽りタイトルをつける傾向が多くなるのです。

それに対し、実用書の場合はどうでしょうか。

実用書の場合も、一般書と同様、新刊の間はある程度勢いよく売れていきます。ですが、ある程度期間が経つと売れ方は緩やかになります。

ただ、ここから先が一般書と実用書の違い。一般書の場合は、話題性がなくなり売れ行きが収束すると、書店から置かれなくなるとお伝えしました。でも実用書の場合は、実際の読者の悩みや欲求に訴求した普遍的なテーマで書かれることが多いので、長期でジワジワ売れます。爆発的には売れるような派手さはないけれど、手堅く長期で売れていくため、下図のようなイメージになります。

一般書と実用書、どちらの売れ方がよいのかという点については、正直どちらも一長一短あります。どちらの本をたくさん手がけるかは、出版社によって方針が異なりますし、むしろその選んだ方針こそが、出版社のカラーになっているともいえるからです。

実用書の売れ方のイメージ

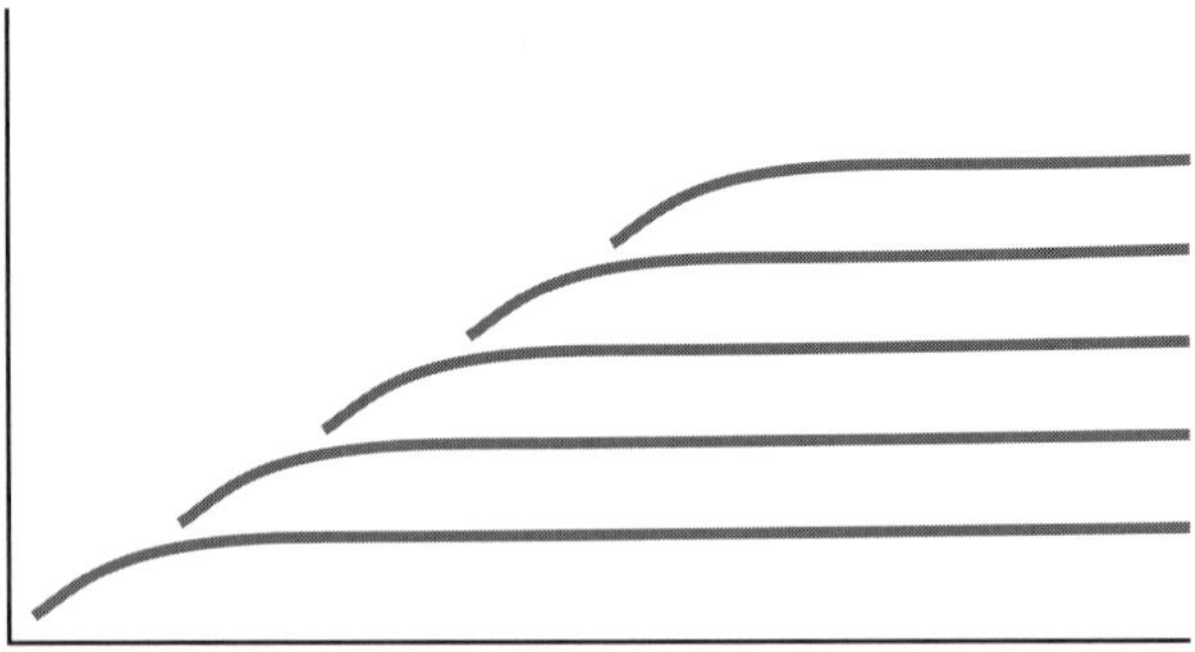

SECTION 02

ベストセラーを狙う一般書より手堅い実用書が狙い目

大変なわりに意外とおいしくない一般書

一般書と実用書は、どちらも一長一短だと言いました。でも、あなたが商業出版をしてビジネスを加速させていこうと考えるなら、私は一般書より実用書の出版の方が有利だと考えています。なぜなら一般書は、皆さんが想像されるよりもはるかに大変で、しかも大変なわりに実利につながりにくいという現実があるからです。

大変なわりに実利につながりにくいと考える理由は3つあります。まず、参入障壁が高いこと。次に、読者が増えても本業の実利にはつながりにくいこと、そして3つ目は、多くの著者が一発屋で終わってしまい、継続して出版することが難しいことです。

まず、参入障壁が高いとはどういうことでしょうか。

通常一般書を作る場合、編集者はベストセラーを狙って作るわけですが、ベストセラーを狙うというのは簡単なことではありません。もしも、ベストセラーにするための確固たるノウハウがあるのだとしたら、現在の出版不況という事態は免れていたはずでしょう。

つまり、再現性がない。いわゆる博打的な要素がかなりあるというのが、ベストセラーの本質なのです。狙ってベストセラーが出せるわけではなく、あくまでもベストセラーを狙おうとするチャレンジの中で、世の中の動向や著者の影響力、タイミングなど、さまざまな条件がいい具合に絡み合った結果として、偶然生まれるものと考えた方がよいでしょう。

博打的要素があるということは、作った書籍がベストセラーになれば得られるものは大きいですが、当たらなかった時のダメージも大きいということです。ベストセラーが偶発的に生まれるものだとするなら、ビジネスとして出版を考える上では、あまりにリスクが大きいのではないか。出版したことで得られる効果を考えると、私は意外と一般書はおいしくないのではと思うわけです。

編集者が一般書を作る時、失敗のリスクを少しでも減らし、1冊でも多く売れるような著者を探します。ベストセラーを狙うための企画は編集者が考えますが、自分は編集者ですから、自分が著者になったところでベストセラーは狙えません。ですから、考えた企画に対して適任の著者を探してオファーするというのが通常の流れです。

企画の斬新さは売れ行きには影響しますが、著者の知名度や影響力も売れ行きを左右します。ということは、あなたが現時点でそれなりに知名度があるとか、影響力があるというのであれば話は別ですが、そうでないなら、一般書の著者になるというのは、参入障壁がかなり高くなってしまうというわけです。

ただ、まったく参入できないわけではありません。知名度や影響力のない人が、一般書の著者になる道もあります。その道があるとするなら、それはやはり企画力です。編集者が思いつかないような企画を自分で考え、出版企画書にまとめて提案すれば、場合によっては出版に結びつく可能性があります。でも、どちらにしてもかなり高いレベルが要求される話です。このように、一般書の著者になるには、かなり高いレベルが求められるのです。にもかかわらず、自分の本業につながっていくかというと、実際はそこまででもありません。

この理由は明白で、一般書の読者の大半が好奇心を満たされるだけで終わってしまうからです。何度かお伝えしていますが、一般書は読者の好奇心を掻き立てるように作り、たくさんの人に買ってもらうことで売上につなげていきます。ですから、読者が満たされるのは好奇心のみ。書籍を買って読み「面白かった」と感じたからといって、その書籍の著者に仕事を依頼しようとはなりにくいですよね。同じ著者が書いている他の本を読んでみたいとか、講演会に行ってみようといった願望は起こるでしょうが、著者の本業のビジネスに興味を持ち、実際に仕事のオファーをするという読者は、かなり限られてしまいます。

ベストセラーになり、多くの人に買ってもらえるということはあるかもしれませんが、その先で自分のビジネスの実利につながるかというと、なかなか難しいのが現実です。

苦労してベストセラーにしても、たった1回だけでは先細りしてしまいます。ベストセラーが出せることはもちろん素晴らしいことですが、それを連発できる人はほんのひと握り。

実際には多くの著者が一発屋で終わってしまっています。ベストセラーになったことを機に、それまでの本業を捨てて作家に転身しようとする人もいますが、その方法で成功しているケースはほとんどありません。

書籍を出版することで得られるブランディング効果は、およそ3年と言われます。3年以上経過して、名刺交換の際に「実は、私は著者なんです」と言って3年以上前に出版された書籍を差し出されても、相手からの反応は薄いものになってしまうでしょう。

たった1回ベストセラーになったくらいでは、ブランディング効果も長期ではあまり期待できませんし、ビジネスを安定させるのも難しいのです。高いハードルを乗り越え、苦労して出版に漕ぎ着けたとしても、その効果はたった3年……。この現実をどのように受け取るかは個人の自由ですが、ビジネスにつなげることを考えるのであれば、一般書はあまりおいしくないと私は考えます。

人知れずビジネスにつなげられる実用書

ビジネスを加速させるために出版を活用するなら、一般書よりも実用書の出版がよいというのは間違いありません。それは、単に一般書の出版が大変だからという理由だけではありませんし、私が実用書の編集者だからという安易な考えからでもありません。

仕事として多くの実用書を手がけるうち、実用書には一般書にはない特徴やメリットがあることに気付き、それをうまくビジネスにつなげていくことで本業のビジネスを加速させられることが明らかになったからです。しかもその方法は、再現性が高いのです。

再現性が高いということは、誰にでも適応できるということ。誰にでも適応できるということは、つまり参入しやすいということです。実用書に求められることは、面白さよりもわかりやすさであることは、既にお伝えした通りです。ということは、ある一定の専門知識さえあれば、あとはどれだけわかりやすく伝えられるかどうかです。

例えば、何度か例として挙げているマイクロソフト社のワードの使い方を解説する書籍を作る場合、読者から求められていることは、それを読んできちんとワードが使えるようになることのみです。著者がワードの資格を持っていようがいまいが、読者にはあまり関係がありません。

誰彼も著者になれるわけではありませんが、それでも一般書の著者になることと比較した場合、実用書の著者になることはそれほど難しくありません。私がこれまで手掛けてきた実用書の著者たちの多くも、無名な状態からスタートした人がほとんど。そう考えると、実用書は参入しやすいと考えてもいいはずです。

参入しやすいだけではありません。実は、増刷がかかりやすいのも実用書のよいところです。先ほど、多くの著者が一発屋で終わってしまうという話をしましたが、著者であり続けるには、やはり書いた書籍がきちんと売れていることが原則です。

書籍が売れるとは、増刷されるということです。書籍が増刷されれば、その分は出版社の利益になります。ですから、何度も増刷のかかる著者は、「売れる著者」として扱ってもらえるようになります。売れる著者として認知してもらえるようになると、他の出版社からも優先的に声がかかるようになり、結果として息の長い著者になれるというわけです。

出版社の編集者が、その著者を「売れる著者」かどうかと判断する基準は、書籍の最後にある奥付というページに刷られている増刷回数です。その著者が出した書籍は、初版止まりなのか、それとも増刷されているのか。増刷されているとすれば、どのくらいの期間で何回くらい増刷されているのか。といったところを最初に確認します。ということは、編集者から「売れる著者」と判断してもらいオファーをもらえるようにするには、増刷がかかりやすい書籍を書いた方が有利だということです。

ちなみに、一般書の初版部数はどのくらいか想像できますか?

書籍によって数は異なりますが、一般書の平均的な初版部数は、1万部くらいです。それに対し、実用書はどうでしょうか。実用書の場合、一般書のように爆発的には売れないことがあらかじめわかっていますから、初版部数は4000部くらいです。ここでポイントなのは、編集者が確認する奥付に記載される増刷回数は、あくまで増刷された回数であって、実際に何部刷られたのかはわからないという点です。

一般書で1回増刷された人と、実用書で1回増刷された人では、同じような見られ方をします。編集者としては、増刷されている著者の方がいいに決まっていますから、初版部数が少なく増刷がかかりやすい実用書を選んだ方が良くありませんか？　長く著者であり続けることを考えると、実用書の方があなたにとって負担も少ないはずです。

その他、自分のファンを増やし、ビジネスを加速させていくという点でも有利です。悩みや欲求に訴求して作られる実用書は、何か困りごとを抱えている読者に対して、その悩みの答えを提供するものです。ですから、その中身さえきちんとしていれば、悩みや欲求を解消できた読者から感謝されますし、信頼もされます。感謝や信頼が生まれるので、「この先生のおかげでできるようになった」というように、自然とファンも増えていくのです。

ビジネスを安定させるには、いかにファンを増やし繰り返し購入してもらえるようにするかが大切だといわれます。

初めての人に商品を売るよりも、既に自分のことをよく知っている人や商品の良さを理解してくれている人に売る方が簡単だからです。ということは、書籍を通して自分のファンになってもらえれば、自分が提供する商品やサービスを購入してくれる確率も高まるはず。それはすなわち、ビジネスが加速していくということなのです。

ただ、出版することであまりに目立ちすぎると、そのやり方を真似する人が出てきます。悩ましいことですが、これはどのビジネスにも言えることです。出版業界においても、よく売れる書籍が出ると、それに追随して、似たような企画やタイトルの書籍がどんどん出てきます。真似されること自体にあまり神経質になっても仕方がないような気がしますが、できることなら無用なストレスは減らしていきたいですよね。そういう意味でも、実用書は最適です。

実用書の売れ方は、一般書と違って緩やかにコツコツと売れていきます。一般書のように週刊ランキングにランクインするようなことは滅多にありませんし、カテゴリランキングでも上の方にくることはほぼありません。目立った売れ方をしないので、他の出版社から気付かれにくいですし、気付かれないので、独走状態で長期にわたって売れ続けるということも可能です。

私が過去に手掛けた書籍でも、ずっと水面下で売れ続け、最終的に10万部売れたものもあります。ただ、それだけ売れたと言っても瞬間的に勢いよく売れたわけではなくて、10年ほどかけてそこまで伸びました。このように、一般書のようには勢いよく売れないけれど、人知れずコツコツ売れていくのが実用書です。

端から見ると売れていそうには見えなくても、実際に書籍が売れているかどうかは書店員だったらわかります。書店員さえ「この本はコツコツ売れるな」と感じてくれれば、書店に並べてもらえますから、継続してその時その時で読者に手に取ってもらえるようになるのです。

参入しやすくかつ息の長い著者であり続けられる確率が高い。そして、手堅くファンを増やしていくことで、本業のビジネスを加速させられる。これが、実用書のよいところです。

SECTION 03

出版社はビジネスで書籍を出版している

多くの人が出版したいのに出版できない理由

実用書の出版は、ビジネスを加速させるのに効果的ですし、今のあなたにそれほど知名度がなくても、これから著者になれる可能性は十分にあります。

とはいえ、出版社はあくまでもビジネスとして書籍を作り売っているのであって、ボランティアでやっているわけではありません。ですから、誰でも著者になれるわけではないということは、よく理解していただきたいところです。

私のところには、年中いろんな人からの企画書が持ち込まれます。でも、その多くがとても出版社へは売り込めないようなものばかりです。出版社へ売り込むことができない企画書とはどのようなものでしょうか。それは、出版社がなんのために書籍を出版するのかがまるで理解されていない企画書です。出版社はあくまでもビジネスとして書籍を作り売っているわけですから、出版がビジネスである以上、書籍を売ることで利益を出していかなければなりません。そのことが、送られてくる企画書からは感じられないのです。

書籍を作るのに、1冊あたりおよそ300万円かかります。出版社がそれだけの費用をかけて書籍を作っている中、「本を出したい」と言って出版企画書を持ち込むということは、その企画書に対して300万円出してくださいと言うようなものです。

書籍の価格を1500円とし、初版で4000部刷る場合、出版社の1冊あたりの取り分は大体67%くらいだと言われています。この基準値は、出版社と取次の関係性や、発刊点数などさまざまな条件によって変動しますが、大体このくらいの数字です。

出版社の取り分が67%ということは、1回の出版に対する損益分岐点は、一体どのくらいでしょうか。

これは、実際に計算していただくとわかりますが、およそ3000部が損益分岐点の目安です。つまり、4000部刷ったうち3000部以上が売れて、そこではじめて出版社に利益がもたらされるというわけなのです。ですから出版社側も、「この企画は本当に３００万円を出す価値があるものなのか」と、企画の持つ可能性を見極めようとします。こう考えると、出版企画書は、投資案件のようですね。もしかしたら、そうだと捉えていただいた方がわかりやすいかもしれません。

ビジネスや投資案件だと捉えると、出版企画書に絶対必要な情報は、面白さや斬新さだけではないことがわかります。面白さというよりも、確実に３０００部売れそうなのかどうかという期待感とその根拠となる情報が必要です。にもかかわらず、皆さんが書かれる出版企画書には、そうした期待感も、根拠となる情報もまったく書かれていないことがほとんど。自分の想いや熱意しか書かれていない、独りよがりな企画書が多く散見されます。

出版社はビジネスとして出版しているのですから、きちんと利益を出し続けられるように努力しています。そうした背景まで汲んで作られていないと、いくら出版企画書を書いても採用されるはずがないのです。

出版社に自分の企画への投資をしてもらうために

では、一体どのような企画であれば出版社から投資をしてもらい、出版できるのでしょうか。その答えは実に簡単です。それは、あなたが自分で書籍の売れ行きを担保できる企画であれば、企画は通してもらえます。もっとわかりやすく言うと、自分の企画に対し「最低3000部は絶対に売ります」と確約できればいいということです。

これは決して、あなたに対し出版にかかる費用を負担してくださいとか、書籍を全部買い取ってくださいと言うわけではありません。買い取ったとして、その先で自分のお客様に配ってもいいですし、献本することで人とのつながりを作り、その先で費用を回収したっていいわけです。

やり方はいろいろありますから、正直そこは大きな問題ではありません。大事なことは、出版社から投資してもらえるかどうかではなく、投資してもらって出版することで、自分のビジネスが加速すること。言い換えれば、そうなるような企画に対して投資してもらうことです。そのためには、企画の主体性をあなたが持てるようにしなければなりません。企画に主体性を持つとは、自分の企画にこだわり、最後まで責任を持つということです。

なぜこのようなことを言うかというと、編集者の言われるままに出版し、ビジネスを加速させられないことがままあるからです。ありがちなのは、企画を持っていった出版社の編集者から、「あなたのプロフィールなら、こういう企画よりも、こちらの企画のほうがいいと思います」と言われ、自分のビジネスにつながらないような企画で出版してしまうケースです。もちろん、これは編集者が悪いのではありません。編集者は自社がきちんと利益を出せるような企画で書籍を出版することが仕事なのであって、その書籍で著者のビジネスが加速するかどうかは仕事ではありません。

でもあなたとしては、出版することでビジネスを加速させたいわけですよね。

書籍を読んでくれた読者が、最終的になんらかの形であなたのビジネスに関わってもらえるようにしたいはずです。なので、たとえ編集者から他の企画を提案されたとしても、それが自分のビジネスを加速させそうなものでないとしたら、その提案を跳ね除けられる強さが大事なのです。「そういう企画にするのであれば、私は御社から出版をしません」と言えるかどうかです。

でも、多くの人が「せっかくのチャンスを逃したくない」というような想いで、相手の言うことをのんでしまいます。非常にもったいない事ですよね。そうならないためにも、自分の企画に対し売れるという自信を持つことです。もちろん、ただ自信があるだけではいけませんから、出版社が首を縦に振ってくれるよう、その自信の根拠として売れ行きを担保することが重要です。

たったこれだけのことですが、実際はできない人のほうが多いです。企画を持ち込み、編集者から「買い取れますか？」と聞かれた途端、「いや、無理です」と答える人ばかり……。編集者は、何も本気で買い取らせようとしているわけではなく、著者の覚悟が知りたいだけで聞いているのですが、「商業出版を目指したいのでお金を出したくない」と言うのです。

もし著者として本当に売れる自信があるのであれば、「売れなかったら買い取ってもいいから、出させてください」と言えるはずです。編集者はそう言い切れるような、売れる企画を持ってきて欲しいのです。自分がお金を出す気にもならないような、売れる自信のない企画なら、最初から持ってこないで欲しいというのが出版社の本音だったりします。

「出版って厳しいんだな……」と思われた人もいるかもしれません。でも、これは別に出版に限った話ではありません。

もし、あなたの友人が会社を設立すると言って、あなたに３００万円を出資してくれないかと言ってきたとします。それに対してあなたが「もし会社が潰れたらどうするの？」と聞いた時、友人から「潰れたら、その時はその時。それが投資ってもんでしょう」と言われたらどう感じるでしょうか。「もしものときはちゃんと自分が責任を持ちます」と言う人と、「失敗したらその時は残念だったね、ということで」と言う人がいたら、どちらの人に投資したくなるかという話です。お金は出して欲しいけど、失敗した時の責任は取りたくないというような人に、果たして誰が協力したくなるでしょうか。それを考えれば、出版社側の気持ちも理解できるのではないでしょうか。

出版企画書が優れていることは大切なのですが、それだけでは企画に主体性を持って話を進めることは難しいです。もしもの時の責任を、著者である自分がきちんと引き受けること。そしてその根拠として、書籍の売れ行きをきちんと担保すること。最低でもこの2つがあれば、出版社からOKをもらえる確率はグンと高くなります。

自分で買い取るという選択肢を持てるのか

売り上げを担保すると言っても、実際どのくらいの金額を担保できればいいのかがわからなければ、当然不安になりますよね。なので、ここでは少し具体的な金額や買い取りに関する話をします。

一般的な話になってしまいますが、実用書であれば、最低400部。多くても2000部くらい担保できればOKが出ます。実際の数字は出版社によって異なりますが、大体このくらいを目安に考えればよいでしょう。400部を担保する場合、金額にして60万円くらい。著者が書籍を購入する場合は、著者購入ができるので、実際はそれよりも安く購入できます。

書籍の買い取りに関しては、さまざまな意見がありますが、個人的には、その選択肢も最後の手段としてはありだと思っています。

なぜなら、商業出版を自分のビジネスを加速させるための戦略だと考えれば、きちんと書店に並びますし、一般の読者にきちんと手に取っていただけるようになるわけです。それだけでなく、著者としてのブランディングもできます。

もしこれが、書店に並ぶこともなくただ買い取って終わりという話なら、出版の意味はありません。でも、きちんとした出版を行い、その結果として売れなかった分の責任をとるという話であれば、ごく真っ当な話だと思うからです。せっかく作っても、結局家の倉庫で眠っているとか、会社の片隅に置かれてしまうくらいなら、出版しても意味はありません。でも、そうじゃないのなら買い取りもあり。「買い取り」という言葉だけで腰が引けてしまう人も少なくありませんが、著者の中には、書籍を買い取り、うまく自分のビジネスにつなげ、結果的にビジネスを加速させている人もいます。

ケース事例として、3つほど紹介します。

・ケース1：買い取った本でサイン本プレゼントのキャンペーン行う

Facebookなどで、サイン本をプレゼントするキャンペーンを行うという広告を出稿し、集まった人たちにプレゼントする方法です。書籍は著者購入であれば、1500円の書籍を1200円で購入できますから、浮いた300円は広告費として使えます。

読者はサイン本をプレゼントしてもらえるのですから、お得だと感じて喜んでくれそうですし、それならと、メールアドレス以外にも住所や電話番号なども入手することができそうです。300冊ぐらいなら、簡単にはけてしまいます。

・ケース2：全国の商工会議所に献本する

商工会議所は全国に500箇所以上あります。まずは著者購入で500部購入して、そのすべてを商工会議所に対し、セミナー企画書と一緒に献本するという方法もあります。商工会議所でのセミナーの場合、講師料が5万円～10万円の場合がほとんどです。著者購入であれば1200円×500部なので、60万円の経費はかかりますが、献本の結果、セミナー講演6～12件のオファーがあれば回収できます。セミナーをする中で、コンサルの依頼などが発生することもありますのでやってみる価値は大いにあります。

・ケース3：買い取った本を使ってオンラインサロンに集客する

書籍を買い取り、オンラインのメンバーにプレゼントして根強いファンを獲得している人もいます。オンラインサロンを月額5000円で15人集めることができたら、年間90万円の売上があります。その90万円で750冊を購入したら、ほぼ間違いなく出版は可能です。その買い取った750冊は、すでにいるオンラインサロンのメンバーにプレゼントし、残りの735冊を興味がありそうな人にプレゼントします。735冊全部配布できたとして、そのうちの1%、7人がサロンに加入してくれたとしたら、サロンの売り上げは年間132万円になります。このように、雪だるま式で出版や集客を繰り返し、利益を出していくという方法もあります。

商業出版をして自分のビジネスを加速させたいのなら、出版することばかりに意識を向けるのではなく、出版のその後のことまでトータル的に考えなくてはいけません。

今紹介した3つのケースのように、自分の売り上げ予測をすることで、商業出版を投資として捉えることもできます。

あなたに必要なのは、出版することを、ビジネスを加速させるための戦略のひとつとして考え、自分のビジネス全体を俯瞰してみることです。それができれば、先ほどの話も悪くないと思います。あなたがその覚悟を持てるようになれば、出版社の人ともより話がしやすくなるはずです。

ただ、買い取りには十分注意してください。

中には、買い取り条件が既に外に知られてしまっている出版社もありますから、買い取り部数や条件だけを見て決めてしまうと、ブランディングという観点で考えた時に思ったような効果が得られない場合があります。たとえ読者は気付かなくても、出版業界にいればわかってしまうことなので、2冊目以降の出版につながるかという点で、微妙になることもあります。あなたが自分のビジネスを加速させるために、売り上げを担保したり、買い取ったりするという考えを持つことは大切なのですが、だからといって闇雲に買い取ればいいという話でもないのです。

SECTION 04

商業出版を目指すなら電子出版に手を出さない

電子出版をすると商業出版の足枷になる

日頃、電子書籍を読んでいる人も多いと思います。電子書籍の出版も、出版であることには変わりありません。紙の商業出版が無理なら、電子出版をしようと考える人の数も、以前より増えてきたように思います。中には、電子出版を商業出版と同様に捉え、「出版しました」と仰っている人もいますが、はっきり申し上げ、電子出版は商業出版の代わりにはまったくなりません。

ここで、電子出版という言葉の定義をしておきましょう。本書でいう電子出版とは、商業出版されている出版物の電子化ではなく、電子出版だけしかされていないもののことを指します。

電子出版は商業出版の代わりにはならないとお伝えしましたが、電子出版がダメだという意味ではありません。電子出版はその特徴を活かした別の使い方があると思いますし、実際に電子出版を活用して、リストを獲得したり、毎月何十万円も稼いだりしている著者もいます。

商業出版の代用にはならないが、ビジネスには使える。それが電子出版です。私がそう考える理由としては、次のようなことがあります。

・編集者が介在しないクオリティになる

電子出版しかしていないものを見てみるとわかるのですが、どれもレビューが低評価もしくは荒れています。その理由は明白で、キンドル出版に代表されるような電子出版の場合は、出版物に編集者が介在していないからです。

例えばキンドル出版の場合、著者が原稿料を提供し、かつその制作費に関しても著者が負担するケースが多いです。編集者がほとんど介在しないので、書いた原稿がそのまま掲載されてしまいます。ということは、著者に編集者としての企画力や執筆力も求められるということ。これまで、一度も修正なしで原稿がＯＫになった著者はひとりもいませんし、プロのライターが書く原稿であっても、書き直しが発生しないなんてことは、ほとんどありません。

編集者が介在し、書き手と編集者が切磋琢磨しながら作りあげられることが商業出版のクオリティを担保しているのに対し、キンドル出版の場合は、編集者が介在しないのでクオリティの担保ができません。

編集者を介在させることは可能ですが、その分コストがかかります。コストは著者が負担することになりますから、負担するコストが増えれば増えるほどキンドル出版をしたいという人が減ってしまう恐れがあります。

著者自身も、コスト負担を少なくしたいので、「ま、いっか」となってしまい、結果低品質のコンテンツができてしまうのです。どれもレビューが低評価な理由は、おそらくそんなところでしょう。

・ブランディングになりづらい

電子出版は、ブランディングをするという意味でもイマイチです。というよりも、ほとんどその効果は得られないと言っていいでしょう。

声を大にして言いたいくらいですが、商業出版の最大の価値は、自分の書いた出版企画書に対し第三者からの認定が行われることです。要するに、商業出版は、あなたの持っているノウハウに対し、他人から300万円の投資をする価値があると言われたという証明です。

自分でお金を出して作ったものに対し、いくら「出版した」と言っても、「お金を出せば誰でもできるよね」と思われておしまいです。そういう意味で、電子出版でブランディングすることは不可能です。

その上、電子なので相手に直接見せたり渡したりできないのも、説得力に欠けます。商業出版のように紙の書籍があれば、相手に「これが私の本です」と見せることができますが、電子出版ではできないのです。

・お金を出して出版したというレッテルが貼られてしまう

これは、出版社からどう見られるかという話になりますが、先ほどもお伝えしたように、電子出版は自分でお金を出して出版する形態のものです。ということは、第三者から見たあなたは、自分でお金を出してでも出版がしたいと考える人だと思われてしまうということです。自分でお金を出して電子出版するくらいなので、商業出版ならもっとお金を出せるはずだろうと、足元を見られてしまうこともあります。

でも、こればっかりは自分で撒いた種ですし、どうしようもありません。ですから、商業出版を将来的に考えるのであれば、安易に電子出版に手を出すのは控えるべきです。ただ、ビジネスを加速させるためのツールのひとつとして、相乗効果を狙えるような形にするのであれば、それもひとつの方法としてはアリなのかなと思います。

商業出版でビジネスを加速させた著者の声

事例1

継続して出版することで高まる権威性。
周囲からの評価が変わり、有名企業の仕事も舞い込むように。

田村憲孝

私は現在、ソーシャルメディアの専門家として、企業や地方自治体向けにソーシャルメディアの運用や担当者育成をサポートしています。一般社団法人ウェブ解析士協会では、ソーシャルメディアマネジメント研究会の代表として、講座などの講師も務めています。

コンサルティングや講演などのお仕事をさせていただいている私ですが、もともとは不動産の営業として働いていました。不動産営業と言えば、訪問営業や電話営業をひたすら繰り返す毎日。断られることの方が多い大変な仕事です。この大変さを少しでも軽減したくて思いついたのが、ネット集客。これが思った以上にうまくいき、社内で教えるだけでなく、他の業種からのオファーまでいただけるようになりました。

「もしかしたら、これで食べていけるかもしれない」と一念発起し退社。個人事業として開業し、ネットやソーシャルメディアを活用した集客アドバイスを始めたのですが、現実はそこまで甘くありませんでした。まずは知ってもらわなければと思い発信するのですが、読んでくれる人は増えてもなかなか受注にはつながりません。そんな状況を打破したくて、集客についてより深く勉強するためセミナーや勉強会にも積極的に参加していました。

今振り返ると、自分のその行動は、自分のビジネスを加速させるための種まきのようなものだったと思います。コツコツ撒いたチャンスの種は、しばらくしてとても大きなチャンスを私にもたらしてくれました。

当時私がよく参加していたセミナーは、有名な著者である中嶋茂夫先生のセミナー。何度も参加するうちに私のことを覚えてくださり、たまたまソーシャルメディアの本が書ける人を探されていた山田稔氏に、この私を推してくださったのです。

執筆することに関しては、ブログをひたすら書いていたこともあり、それほど苦労しませんでした。でも、1冊分となると文字数にして約10万文字です。それをきちんと体系化し、一気通貫で仕上げなくてはなりませんから、ブログのように簡単にはいきませんでした。せっかく書いたと思っても、執筆中に仕様変更があったりしてまた書き直すということも度々起こりました。

ようやく書き上げた書籍が、実際に近所の書店に並んでいるのを見て、ようやく「自分は本当に本を書いたんだ、著者になったんだな」と実感するような感じでした。まさか自分が著者になるとは夢にも思っていませんでしたし、出版すること自体、どこか特別な世界の話に感じていたこともあります。ただひとつ言えるのは、その世界に一歩足を踏み入れると、見える景色は一変します。断言してもいいでしょう。

著者になった途端、周囲からの扱われ方が変わりました。それまで数万円でセミナーを引き受けていたのに対し、10倍以上の報酬を提示してくださった時は、正直驚いてしまいました。著者ということで、相手がそれだけの心づもりをしてくださるのです。

仕事の規模も大きく変わりました。もともと京都を中心に活動していたのですが、出版のおかげで東京に進出することも可能になりましたし、それまで地元のカフェや美容院など個人店の集客のお手伝いが中心だったのが、誰もが知っている大企業からのオファーが舞い込んでくるようにもなっています。正直なところ、何度も増刷されるまでには至っていませんが、何冊も出版させていただけることで、ブランディングがより強固なものになっているなと感じます。

ただその代わり、周囲が私自身に求められている期待も大きくなっているはず。ということは、私自身が著者としての役割を自覚し、私にチャンスをくださった人たちや信頼してくださる読者やお客様を裏切ることのないようにせねばなりません。なお一層気を引き締め、今後の仕事に取り組んでいきたいと考えています。

事例2

無名だった自分の地位を一気に引き上げた出版。今では、全国からのオファーが絶えません。

株式会社PROPO 中尾豊

出版前の私は、リスティング広告の運用代行を生業にしていましたが、当時はほとんど需要がなく、どこへ行っても門前払いされるような状態でした。

都会では当たり前のように広告運用が行われていたのですが、私の住む福井では、ほとんど認知されていません。そもそもホームページやネットショップを所有する企業自体が少なく、広告運用よりも制作の需要の方が多かったのです。

そのような状況の中で、とくに目立った実績も実力もない私が営業に行ったって、誰も耳を傾けないのは、今思えば当然のこと。「そんなに言うなら、何か提案してよ」と言われてプレゼンをしたら、そっくりそのまま提案だけ抜かれてしまい成約できなかったという苦い経験も一度や二度ではありませんでした。

ただ、このままではいけない。何か戦略を考えなくては――。と、地元の人に受け入れてもらうための戦略を考えました。その戦略とは、「県外で活躍していることが伝われば、地元でも受け入れられるのではないか」というものです。

そう考えると、権威性を高めるのに最も効果的なのは出版することです。ですから、「今は無理でも、いつかは出版する」という気持ちはずっと持っていました。

そんな中、知人が出版したいと言い出したのを機に、当時アメブロで情報発信をされていた出版プロデューサーの山田稔氏のセミナーへ参加することになります。

今でも最初のセミナーで味わった高揚感を覚えているのですが、それは何だったかというと、もしかしたら自分にもチャンスがあるかもしれないという期待と、この人と仕事ができるようになりたいという2つの気持ちです。山田氏の他にも出版プロデューサーを名乗る人はいましたが、山田氏はロジカルな考え方をしていて、かつ自分のまとまらない考えを瞬時に言語化してくれました。その実力は、自分と比べ圧倒的な差があり、素直に「この人の考えを知りたい」と思えたのです。

衝撃を受けた最初のセミナーから2、3年後。ついに自分も出版することができました。ただ、出版すると決まったのはいいものの、執筆できるのは業務時間外。書きたいことが山ほどあり、なかなか前に進みませんでした。それでもなんとか出版することができたのは、出版社の方や山田氏、編集の方の力添えがあったからです。

出版後のビジネスはというと、出版前に想像していた以上に加速しました。通常の仕事の依頼だけでなく講演の依頼も増え、追いつかなくなるほど舞い込むようになりました。たった1冊の出版によって、無名だった自分の地位があっという間に引き上げられた感じがしました。

その後も2冊出版させていただき、実は今も4冊目の書籍を執筆中です。出版する度に、自分の著者プロフィールの権威性が高まっていますし、事実、オファーをくださる企業や団体の規模もどんどん大きくなっています。地元で受け入れてもらえるようになったのはもちろんのこと、全国各地からも声をかけていただけるようになりました。

業界内の大きなイベントで、かつて自分が勉強のために読んでいた書籍の著者と肩を並べて講演するなど、あの頃の自分からはまったく想像できません。地方でのトップを狙うことによって、業界のトップと話ができるようになるのですから、知名度はやはり大事だなと感じます。出版という選択を選んだのは、大正解でした。これで終わりにせず、これからも信用してオファーしてくださる人たちの期待以上のものが提供できるよう、著者として身を引き締めながら精進したいと思っています。

事例2

出版して約1カ月で重版し、2冊目を出版。これまでになかった高額な仕事も任せていただけるようになりました。

株式会社MARKELINK　堤建拓

私には、高校生の頃に立てた3つの夢がありました。

起業すること、出版すること、豪邸に住むこと、この3つです。起業は自分の力で叶えることができましたが、2つ目の夢である出版はなかなか叶えることができませんでした。出版を実現させるために、出版スクールにも通ったのですがなかなか出版には至りません。どうにかならないものかと、既に著者になっていた知人に相談したところ、私を出版へ導いてくれた山田稔氏を紹介してもらえたのです。

私が出版しようと考えた理由は、出版すれば自分のビジネスを加速させられるだろうという考えがあったからですが、もうひとつ、幼い頃から本を読んだり文章を書いたりすることが好きで、「いつか自分の本が出せたらいいな」という思いがあったからです。

紹介していただいた山田氏からは、「堤さんは何が書けるんですか?」と問われ、当時LINE公式アカウントの制作・運用代行をビジネスとしていた私は、即座に「LINEのことだったらなんでも書けます」と答えました。ちょうどその頃、LINE公式アカウントの運用は優秀な集客ツールとして注目されている時だったこともあるのか、私の出版はほぼその場で決まったような勢いがありました。

出版が決まった年は法人化1期目だったのですが、その頃の売上は頑張っても月に

200万円くらい。それが、出版をすることで一気に加速し、今では売上高で3億円まで伸ばせるようになりました。短期間でここまで売上を伸ばすことができたのは、出版の影響がかなり大きいですし、現にこれまでなかったような仕事のオファーも舞い込むようになっています。

わかりやすい例としては、企業研修です。

出版するまでは、セミナーなど小さな規模のものを自分で主催することはありましたが、声をかけていただいて行うことはほとんどありませんでした。それが出版すると、県外の企業から声をかけてもらえるようになったのです。本をきっかけとして声をかけてくださったあるブライダル会社での研修では、私が婚約したばかりであることを知り、研修後にサプライズで結婚式さながらのパーティーを用意してくださっていたこともありました。

周りからはよく「堤のお客さんは熱い人たちが多いね」と言われるのですが、もしかしたらそれは、私自身がひとつひとつの言葉を選びながら、必死で原稿と向き合っていたからかもしれません。自分のビジネスを加速させるという目的は持っていたものの、やはり出版社に損をさせてはいけないという気持ちはありましたし、出版するチャンスをくださった方々に恩返しをしたい、期待に応えたいという強い思いがありました。そのためには、読者を絶対に満足させなければいけない。そんな風に自分で自分にプレッシャーを与えながら取り組んだ私の思いが届いたからなのかもしれません。

執筆に関しては、言葉通り印刷所に入稿するギリギリまで粘りました。山田氏とあでもない、こうでもないとやりとりを重ね続けましたが、いよいよ締め切り最終日には「このままでは終わらないから、東京まで来てください」と言われ、仕事を全て変更してもらって新幹線で即向かいました。最終列車のギリギリまで推敲を重ね、入稿後に「久々にこんなに頑張ってくれる著者をみました」と言っていただけたことは、とても嬉しかったです。

販促では、事前にセミナーなどで出版することをアナウンスし、少しずつＬＩＮＥ公式アカウントに登録してもらうということを積み重ねていきました。その結果、刊行後約1カ月で目標だった部数を売り切ることができ、増刷もされました。1冊目の刊行後すぐに増刷したこともあり、立て続けにオファーをいただきました。この短期間に合計4冊も出版できたのは、正直私自身も驚いています。

出版したことによる良い影響は、数え切れないくらいあります。明らかに権威性が高まり、「あのLINEの本の人だ」と言っていただけるようになりましたし、1千万円以上の仕事をオファーしていただけたこともあります。また、この短期間で2冊目も出版させていただけたことで、ますますビジネスが加速しています。ですが、まだまだ私自身はこれから。現状に甘んじることなく、皆さんの力になれるように自分自身も日々アップデートしていきたいと思っています。

CHAPTER

02

ビジネスを加速させる企画の考え方

SECTION 01

そもそもビジネスを加速させる出版企画とは

まずは出版企画のコンセプトを考える

出版すればビジネスが加速すると思い込んでいる人がいますが、ただ単に出版しただけではビジネスを加速させることはできません。出版することで自分のビジネスを加速させたければ、加速させられるような企画を立て、出版社にそれを採用してもらう必要があります。ですからここからは、あなたのビジネスを加速させる出版企画の考え方について学んでいきましょう。

そもそも、出版企画というのはどのようにして作られているのでしょうか。

出版業界は他の業界と比べやや閉鎖的なところもあるせいか、出版に結び付けるための企画ノウハウはほとんど知られていません。だからこそ、何か特別な考え方があるのではないかと思われがちなのですが、出版だってビジネスです。ですから、企画の基本的な考え方は他のビジネスと同じだと思ってください。

では、一般的なビジネスとして何か企画を立てる際、最初にやるべきことは何でしょうか。

それは、これから立てる企画のコンセプトを考えることです。コンセプトとは、商品やサービス、あるいはプロダクトの基礎となる考えのことです。商品やサービスをどう作り上げるのかを考える際の、判断軸のような役割があります。

あなたが企画担当者として、新商品の開発を任されたと仮定して考えてみましょう。商品開発においても当然、コンセプトを定めていくわけですが、もしコンセプトを考えずに商品を開発しようとしたら、一体何が起こるでしょうか。おそらく、何を作っていいかもわからず手が止まってしまうことでしょう。今、何を作るべきなのか。そして、どう作るべきなのか。それを考えるときのヒントになるのが、コンセプトだからです。

他にも、開発途中で試作品ができた時など、上司や周囲に試作品を見せてプレゼンする機会があります。その試作品に対して「もっとこうしてほしい」「これを加えよう」など、そこにいる人たちがさまざまな意見を言ってきます。でも、それらの意見を全部聞いていたら、いいものはできません。どの意見を採用するか、あるいはしないのか。それを判断する基準も、コンセプトにあります。書籍だけでなく、家づくりにも芸術作品にも、世の中のありとあらゆるものにコンセプトがあります。それほど、コンセプトは大事なものです。

話を出版企画に戻します。出版企画を考える際、最初に考えるべきことは、やはりコンセプトを決めることです。コンセプトを決めるときは、売れる出版企画に絶対に欠かせない3つの要素を必ず含まれているようにしてください。その3つの要素とは、「対象」と「感情」そして「行動」です。

図のように、この3つの要素は、企画そのものを支える柱のようなものです。売れる企画が立てられるかどうかは、それぞれの要素がどれだけ丁寧に考えられているかによります。

それではこの3つの要素を、それぞれどのように考えていけばいいのかについて順に説明していきましょう。

まずは、「対象」から考えていきましょう。

対象とは、ターゲットのことです。出版企画における対象は当然、読者です。ですから、対象となる読者はどんな人にすべきなのかを考えてください。対象となる読者を考える際、年齢や性別などの属性で考えることはやめましょう。実用書の役割を考え、相手がどのような悩みを持っているのか、あるいはどんな欲求があるのかというふうに考えてみてください。

次は「感情」です。

人は、感情を動かされないと行動できな

出版企画のコンセプトの考え方

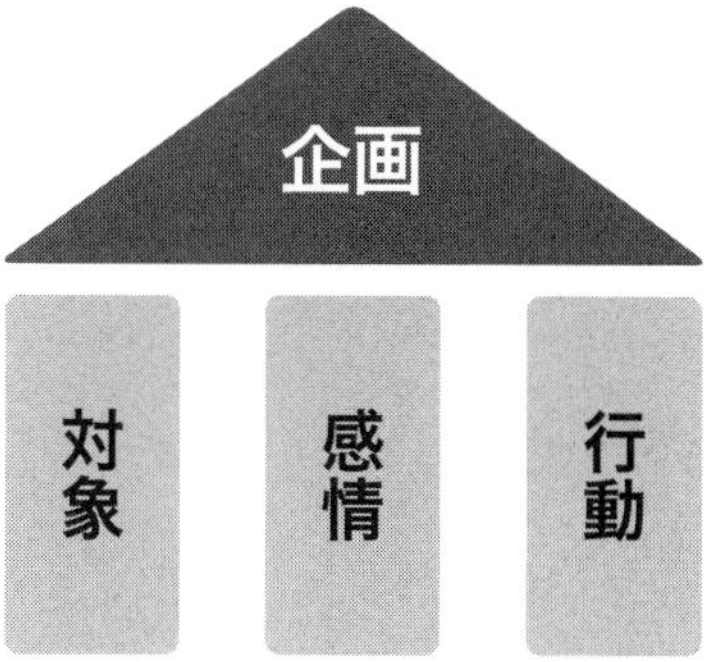

い生き物だといわれます。説明は論理的にされる方がわかるのですが、書籍を読んだ後に読者に行動してもらうことを狙っていますから、論理的に説明するだけではいけません。

読者が読後にどのような感情になっていれば、その次の行動に移したくなるのかを考えてください。例えば、あなたが投資の書籍を作るとするなら、その書籍を読んだ読者が、読後に投資がしたくてしょうがなくなるようにするには、どうすればいいのかを考えるのです。

最後に「行動」です。行動のところでは、読後にどのような行動を取ってもらいたいかを考えてみてください。本書の場合は、読後に自分のビジネスにつなげ、ビジネスを加速させると言う目的がありますから、自分のどのビジネスつなげるのかを考えましょう。

読後に「なるほど、ためになった」と思わせただけでは足りません。読者が「早速やってみよう」などと、読後に行動に移したくなるような仕掛けになっていてはじめて、あなたのビジネスが加速していきます。

出版すればなんとかなるだろうと安直に考えてしまう人は多いですが、冒頭でもお伝えしたように、残念ながらそんなことは起こりません。少なくともビジネスとして考えられるのであれば、狙った目的が達せられるよう書籍を通して意図的に伝えていく必要があります。あやふやな設計図でまともな家が建たないのと同様、しっかり考えられていない企画では、せっかく出版しても得られる効果は少なくなってしまいます。だからこそ、企画の大元となるコンセプトをしっかりと固めておくことが大事なのです。

ビジネスを加速させる出版企画を考える流れ

出版企画のコンセプトを考えることができたら、次にそのコンセプトを出版企画に落とし込んでいきましょう。単に出版するだけでなく、きちんとビジネスを加速させるための出版企画の考え方は、次のような流れで考えていきます。

・あなたがつなげたいビジネスは？・・・①

既に何かビジネスをされている人でしたら、自分の商品やサービスがあると思います。コンサルティングや制作、カウンセリングなどさまざまなものがありますよね。そのうちの、どの商品に読者からの申し込みを集めたいでしょうか。

「とりあえず、どれでもいいから自分のところへ申し込みがあればいい」というようなぼんやりした感じで考えてしまうと、申し込まれるものも申し込まれません。

考え方としては、1冊の書籍に対して1つの商品やサービスにつなげるという考え方をした方が、集客する上ではオススメです。出版することでいろいろな効果を得る

出版企画を考える流れ

①あなたがつなげたいビジネスは？

▼

②それを必要としている人の悩みと欲求は？

▼

③その人はどんな情報を探しているのか？

▼

④その人はどう思ったら申し込みたくなるのか？

ことはできますが、あれもこれもと考えず、「この本を読んだ読者には、このサービスに申し込んでほしい」と決めてしまうのです。

ターゲットとなる読者をどこへ誘導したらいいのか。あるいは読者にどうなってほしいのか。きちんと出口を設定し、ピンポイントで決めてしまいましょう。そうしなければ、企画全体が抽象的でふんわりしたものになってしまいます。

・それを必要としている人の悩みと欲求は？・・・②

読者を誘導する出口さえはっきりと決まってしまえば、「この商品を買えばこうなれます」というように、読者の悩みや欲求に対して的確に訴求できるようになります。ですからあなたが次にすることは、出口にある商品やサービスを求めてくれる人たちはどのような悩みや欲求を抱えているのかを考えることです。

いきなりターゲットの悩みや欲求を考えることが難しい場合は、まずあなたのビジネスに申し込むことで得られるベネフィットはなにか、書き出してみるといいでしょう。

ベネフィットとは、ビジネスに申し込むことで得られる効果のことです。この時、いきなり漠然とターゲットの悩みを考えてもなかなかうまくいきません。ですから、自分のビジネスにつながるよう、逆算的に考えてみることをオススメします。

・その人はどんな情報を探しているのか？・・・③

ターゲットの抱える悩みや欲求を考えることができたら、その人たちは、書店でどのような情報を探すのかと考えてみましょう。

例えば投資に関連する情報を探している人であれば、投資について基本的なことを知りたいと思っているのか、ハイリスクハイリターンの儲かる情報を探しているのか。それとも、少しの手間で手堅く稼ぐ方法を知りたがっているのかということです。

ここで大事なのは、悩みや欲求の答えを書籍に求めるかどうかです。あくまで今考えている企画は、商業出版の話ですから、書籍を購入する人たちが対象になります。いくら情報を探しているとはいえ、パソコン修理の方法を書店でわざわざ探そうとする人はほとんどいないはず。そんなことをするよりも、修理店へ駆け込んだ方が圧倒的に早く悩みが解決するからです。

「そんなの当たり前」と思われるかもしれませんが、案外自分のビジネスについて考えるとうまくいかないものです。視野が狭くなり、自分都合で物事を考えてしまいがちです。その点に注意しながらあなたの考えたターゲットが、悩みや欲求の答えを書籍に求めるかどうかを考えてみてください。

・その人はどう思ったら申し込みたくなるのか？・・・④

最後に、ターゲットとなるその人たちは、自分の悩みや欲求を解消する方法が書かれている書籍を読み、どのように感じたらサービスに申し込みたくなるのかを考えてみましょう。企画のコンセプトを考えるというところでは、読後に「なるほど、ためになった」と思わせただけでは足りません。とお伝えしました。

人が行動するのは、決まって自分の感情が動かされたときです。ですから、書籍を最後まで読んでくれた読者が、最後にどのような感情になれれば次の行動に出てくれるのか、そこをきちんと考えておく必要があります。

出版企画のコンセプトを一文にまとめてみる

さて、ここまででかなり出版企画の骨格が出来上がってきたかと思います。

企画のコンセプトを決め、それを元に先ほどお伝えしてきた流れに沿って考えることができたら、これまで考えてきたことを一文にまとめ、コンセプトコピーを作ってみましょう。一文にすることで、あれこれ浮かんでいたいくつもの思考がすっきりし、自分がどのような企画で出版するのかが明確にわかるようになります。

次の文章の（　）に、先ほど考えた内容を当てはめていくと、簡単にコンセプトコピーができます。

（②で考えたこと）に悩んでいるか求めている人に

⬅

（③で考えたこと）の内容で出版すると、

⬅

（④で考えたこと）という状態になり、
⬆
（①で考えたこと）が叶うあなたのビジネスに申し込む

これだけではわかりにくいと感じる人もいらっしゃるでしょうから、ひとつ例を出して考えてみましょう。ここでは、本書で何度か例として出てきている投資をテーマに取り上げてみます。

（例）

あなたは投資の専門家として、講座で投資の方法を提供しています。

あなたのバックエンド商品は、投資講座（①）。その講座を受講したいと考える人たちは、働かなくてもお金が得られるようにしたい。あるいは、毎月あと10万円くらい収入が欲しい。でも、できれば楽をしたい。という欲求を持っていると考えられますから、バックエンド商品である講座のベネフィットは、「毎月10万円程度の不労所得が手に入る」とします②。そしてその人たちが書店でどのような情報を探そうとするかというと、小資本で投資を行う方法や、毎月10万円を投資で手堅く稼ぐ方法などです③。その人たちは、「これなら、投資のためのお金をたくさん用意できない自分でも、失敗せずにできそう」と感じれば、バックエンドの講座に申し込もうとするのではないか④。と、このように考えました。

では、これらを先ほどのコンセプトコピーに当てはめていくとどうなるでしょうか。

(働かなくてもお金が得られるようにしたい)と悩んでいる人に

⬅

(小資本でも毎月手堅く稼げる投資)の内容で出版すると、

⬅

(初期投資がたくさんできない自分でも、失敗せずにできるかもしれない)という状態になり、

⬅

(毎月10万円程度の不労所得が得られること)が叶うあなたのビジネスに申し込む

と、こうなります。

出版企画で大切なことは、「誰に何を伝えるか」ということです。

これは、出版に限らず、どんなビジネスにも通ずる話です。逆にいえば、基礎となるこの部分が曖昧になっていると、ターゲットも伝えたいことも定まりません。

誰の心にも響くことのない企画を作ったところで、あなたのビジネスが加速するはずもありませんし、それ以前に出版企画が採用されることもないでしょう。ですから、時間をかけてしっかりと練り上げてください。

SECTION 02

あなたのビジネスを加速させることを目的にする

ビジネスを加速させる場合、目的が一番大事

目の前のことに必死になるあまり、自分が今どこに向かっているのか、そもそもなんのために必死になるのかがわからなくなる人がいます。ここまであなたには、出版における企画の考え方について学んでもらい、その考え方から、出版企画のコンセプトコピーを作るところまで行っていただきました。

ここから先は、企画の考え方についてさらに理解を深められるよう解説していきますが、ここで今一度、あなたに再確認していただきたいことがあります。どんなことかというと、なぜ出版をするのかという目的です。あなたが出版する目的は、あえて言うまでもなく、自分のビジネスを加速させるためですよね。これまで以上に仕事のオファーを増やしたいとか、ブランディングを強固にしたいとか、さまざまな願望が

あるかと思います。

でも、繰り返し言っていますが、出版することで結果的にこれらの願いが叶えられていくことはあるでしょうが、ただ単に出版しただけではビジネスは加速しないのです。では、出版でビジネスを加速させるために必要なのはなんでしょうか。

私の考える答えは、「信頼」です。信頼と信用を間違えている人がたまにいらっしゃいますが、書籍の出版で得られるのは信頼ではなく信用の方。出版しているという事実によって可能になるのは、まったくあなたのことを知らない人から「本を出しているのだから、変な人ではなさそう」と信用してもらいやすい状態を作るところまでです。

見ず知らずの人から信用されることは、実際とても難しいことですし、信用力の有無はビジネスをスムーズにする上で大事です。そういう意味では、出版は絶大な効果をもたらしてくれますし、即効性もあります。ですが、それだけではビジネスを加速させることはできません。ビジネスを加速させるのに必要なのは、信用よりも「信頼」。つまり、ただ出版するだけではダメで、書籍を通して、著者と読者との関係性の中でいかに信頼関係が作るかが大切なのです。

まれに、書籍の本文の中で、自分のビジネスの宣伝をしたり自慢話ばっかりしたりするような人がいらっしゃいます。でも、そういうことをする人たちが、果たして本当に読者から信頼してもらえるでしょうか。

例えば、読者に書籍を購入させたにもかかわらず、ノウハウの一番大事なところを書くことなく「続きはwebで」と、高額商品の販売ページやメルマガに登録させようとする書籍もあったりします。そうした書籍の良し悪しについては、あえてここではふれませんが、そのような書籍は等しくAmazonなどのレビューが荒れています。

幾ばくかの売り上げは立つかもしれませんが、レビューが荒れることにより、結果的に長期では売れにくくなっていきますし、逆ブランディングにもなりかねません。ですから、やはりここは真っ当に、読者に対して誠実に向き合うべきというのが私の考えです。

・ビジネスにつなげることだけにこだわらない

出版によってビジネスを加速させ、その効果を長期にわたって享受したいのであれば、まず読者から信頼してもらえるように書籍の中で出すべき情報はしっかり出し切りましょう。

情報を出しすぎて書籍だけで満足させてしまったら、商品に申し込んでくれる人が少なくなってしまうのではと恐れる人もいます。そのような心配もわからなくはありません。でも、「ここまで教えてくれるなんて」とか「こんなに丁寧に解説してくれるなんて」と読者を感動させるような内容になっているのであれば、おそらく多くの人があなたのファンになってくれるはずです。

たとえ書籍の中でその人の悩みが解決されてしまったとしても、あなたに対する信頼が生まれていれば、次の書籍を出版したときに応援してくれるかもしれませんし、知り合いに紹介してくれるかもしれません。必ずしも最初にあなたの書籍を手に取った人だけがお客さまになるわけではなく、そこから派生していくことだって考えられるのです。

読者から信頼され、心をわしづかみにできるような書籍を出版することができれば、それは未来への布石になります。出がらしのような情報で満足させようとするのではなく、あなただからこそ言えることをしっかり伝え、読者からの信頼を獲得してください。

「ひとりのお客も逃したくない」というよこしまな考えは捨て、「今じゃないと思うなら、それでもいい」と考えておくくらいでちょうどいいと思います。あなたのファンになった読者は、ちゃんとあなたの見込み客になるのです。ですから、ビジネスを加速させることだけにこだわらず、長期的な視野で考えれば、ファン作りだって、出版の目的のひとつになり得ます。

・専門家としてのブランディングすることで発信力も増す

出版することで、そのカテゴリやジャンルの専門家としてブランディングすることを目的にすることもできます。

実用書を出版する場合、とくに専門家じゃなくても出版することが可能だと言いましたが、出版すると専門家としてブランディングがかかります。これって、少し不思議で面白い話ですよね。

出版の目的は、何も自分のビジネスへの集客だけが目的になるわけではありません。出版して特定のカテゴリの専門家としてブランディングすることを目的にしてもいいでしょう。実際、本書の中でも事例として紹介している著者の中には、専門家としてブランディングすることを目的として出版した人もいます。

さらに、出版してブランディングすることで、あなた自身の発信力も自然と増します。

自分のことばかりを考えずに、三方よしを狙う

書籍を通して読者との間に信頼関係ができれば、おそらくあなたのビジネスは加速するはず。いや、むしろ私は、あなたにその目的を達成してもらうために今こうして本書を書いています。でも、いくら自分のビジネスを加速させたいからといって、最初から最後まで自分のことしか考えないようではいけません。1章でもお伝えしたように、出版社があなたに出版させるということは、あなたの出版企画に対し300万円を投資するということです。信用して投資した相手が、出版した途端手のひらを返すようなことをしてきたらどうでしょうか。

自分のことしか考えていない人は、最初はよくても次第に誰からも応援してもらえなくなります。そんなことあるわけないと思うかもしれません。でも、事実そうなっ

ていった著者はごまんといます。せっかく出版をするのですから、大勢の人からいつまでも求めてもらえるような幸せな著者になってもらいたいものです。そのために一番いいのは、三方よしの考え方を取り入れることです。

三方よしは、もともと近江商人の経営哲学として知られています。売り手と買い手が潤うだけでなく、社会にも貢献できるような商いをするのがよいというものです。

私は、この考え方を取り入れ、読者と出版社そして著者であるあなたも幸せになれる方法を考えることを提唱しています。

では、読者と出版社そして著者であるあなた自身に対して、具体的にどのように考えれば三方よしの状態が作れるのでしょうか。それぞれの立場から考えてみましょう。

・読者に対しては・・・

読者は、書籍を読んで情報を得るだけだと思っている人もいますが、情報を得る前に必ず書籍代を支払います。書籍1冊あたり大体1500円だと考えるとすれば、少なくとも1500円以上の価値のある情報を提供するのが当たり前です。書籍の値段というのは、ある意味読者との約束だと捉えることもできます。少なくとも、書籍代を支払う価値ある情報だということを約束するわけです。

ただ、1500円くらいの価値ならこのくらいと言って出し惜しみするのはやめましょう。その理由は、再三お伝えしてきた通りです。たった1500円くらいで……と思う人もいるかもしれませんが、書籍を購入するために書店へ足を運ぶなど、購入までの手間もありますし、その書籍を読む時間も含めた価値を提供しましょう。

・出版社に対しては・・・

出版社に喜んでもらうにはどうすればいいでしょうか。それは当然、書籍が売れ、利益が出るようにすることです。とはいえ、どんな書籍も青天井で売れるわけではありません。ですから、著者としてできることは、少なくとも損益分岐点までの責任を負うことです。出版するまではすごくいい人のようでも、出版した途端、態度が変わってしまう人もいます。いざ売れ残ってしまった書籍をどうするかという話になった時に、急に連絡がつかなくなる人もいます。

出版社は、少なくともあなたを信じ、あなたに投資をしてくれるわけです。そう考えると、少なくとも出版社に損はさせないようにしてほしいものです。

・著者（自分）に対しては・・・

読者や出版社だけでなく、当然あなたにも良いことがなくてはいけません。あなたにとって良いこととは、もちろんビジネスが加速することでしょう。ただ、あなたを信じた出版社に対し、損をさせないようにしなくてはなりませんから、自分が売りたくなるような書籍を出すことが大事です。「この本が売れれば、ビジネスにつながるかも」とか「本が売れれば、権威性が高まるかも」と思えば、本気で売る気にもなれるというもの。だからこそ、私は出版でビジネスを加速させる事を推奨しているのです。

出版プロデューサーの中には、ベストセラーを出そうと推奨する人も中にはいますが、本書でお伝えした通り、ベストセラーは狙ってできる類のものではありません。でも、出版社に少なくとも損をさせないことができていれば、出版社からの皆さんに対する信用もたまっていきます。そうすれば、もしかすると2冊目、3冊目の出版のチャンスをいただけるかもしれません。皆さんにとっても、そのほうがいいのではないでしょうか。

SECTION 03

ターゲットは抱えている悩みか欲求から考えるといい

あなたのビジネスのベネフィットは？

出版する目的を再確認したら、次はベネフィットを考えてみましょう。

ベネフィットとは、「このビジネスに申し込めば、こうなれます」というもの。「〇〇になれる」がベネフィットだとしたら、お客様になる人は〇〇になりたい人ということになります。「〇〇になりたい」というのはまさに欲求ですし、そこに悩みも存在するはずです。

例えば、投資の方法を教えている人が、バックエンドとして講座を売りたいと考えたとしましょう。投資の講座を受けることで得られるベネフィットは、「不労所得が手に入る」や「お金の心配が減る」などが考えられます。

人は、商品やサービスを購入する際、今よりもいい未来を手にしたいという思いが根底にあります。先ほどの例でいうと、「不労所得が手に入る」や「お金の心配が減る」の他に「お金持ちになって、人から羨ましがられたい」とか「すごいと言われたい」といった未来を手にしたいと考えていることもあるでしょう。

ベネフィットを考えることができたら、そのベネフィットを享受したい人たちは、今現在どんな悩みを抱えているのかを考えてみてください。「不労所得が手に入る」や「お金の心配が減る」というベネフィットから考えるとすると、このようなことを期待する人たちはおそらく、「現時点でお金に困っている」とか「金ができるほどの余裕がない」という悩みを抱えているでしょうし、他にも「今の仕事から解放されたい」とか「働きたくない」という欲求もありそうです。

ターゲットの悩みや欲求を客観視してみる

ベネフィットを考え、ターゲットの悩みや欲求には何があるのかを考えることができたら、今度はそれらを客観視してみます。果たして、先ほどあなたが考えたことを求めているお客さんは、本当にいるのでしょうか。いるとしたら、どのくらいいるのでしょうか。そんな事を考えてみてください。

初版がすべて売れると仮定するなら、最低でも4000人以上の市場規模がないと難しいでしょう。より具体的に数字を算出したいのであれば、関連省庁のサイトなどを参考にして数字を参考にするとわかることもあります。

「このビジネスなら、このくらいのお客さんはつくのではないか」という考えは、身につけて損はありません。市場を見極めることは、ビジネスを成功させる上で欠かせない力なのです。

市場を見極める際に、ひとつ注意していただきたいことがあります。それは何かというと、書籍を通して啓蒙活動はできないということです。

啓蒙活動とは、世の中に対して自分の考えを知らせようとすることです。実用書は、ターゲット悩みや欲求に対して作られます。ですから、読者が既に自覚している悩みについて書かれていなければ、書籍が売れることはありません。読者が悩みや欲求を自覚し、しかもその悩みを解決したいと思っているかどうかが重要です。しかも、その悩みを解決するために、向かう先が書店であることも忘れないでください。

さて、どのくらいの市場規模なのかを客観視してみて、万一、市場があまり大きくないことがわかったら、その市場を諦めるか、間接的な集客ができるかどうかを考えましょう。

通常は、きちんと市場のあるところへ商品を提供し集客していくという直接的集客を行います。でも、市場規模が小さい場合は、いくら商品を提供したって売れるはずがありません。ですから、お客さんを違う市場から自分のビジネスにつながる市場へと連れてくる必要があります。それを、私は間接的集客と呼んでいます。

私は普段編集者として仕事をしています

直接的集客と間接的集客

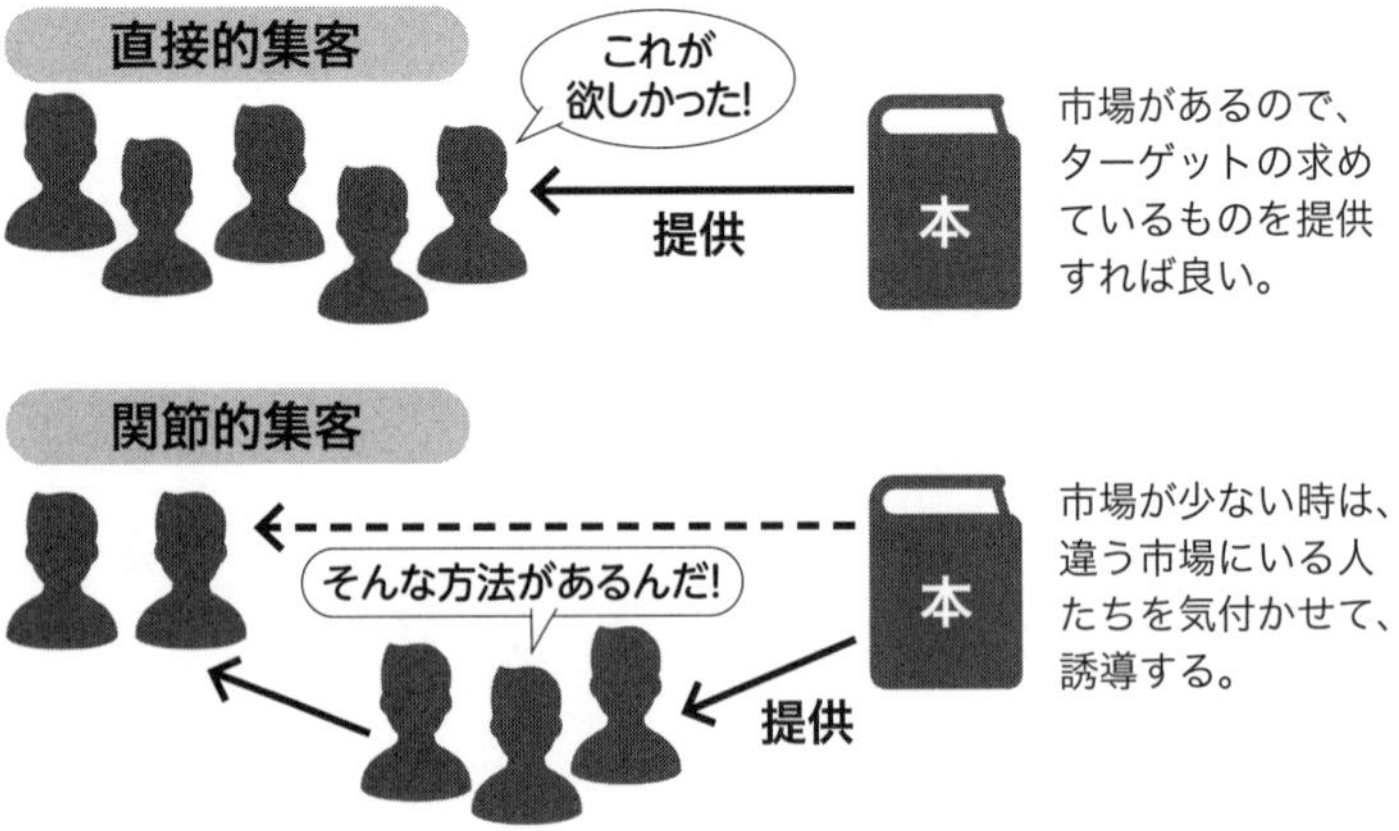
直接的集客
これが
欲しかった!
提供
本
市場があるので、
ターゲットの求めているものを提供すれば良い。
関節的集客
そんな方法があるんだ!
本
提供
市場が少ない時は、
違う市場にいる人たちを気付かせて、
誘導する。

が、その傍ら出版社と出版したい人をつなぐ出版プロデューサーの仕事もしています。

この出版プロデューサーの仕事におけるベネフィットは、ずばり商業出版できること。「ビジネスを加速させるための出版が可能」というのがベネフィットになります。

でも、もし商業出版することでビジネスが加速することに気づいていない場合は、直接的集客することは無理ですから、間接的に集客することを考えなくてはなりません。例えば、自分の持っているコンテンツを活かして起業する方法を伝え、その中で商業出版することでビジネスが加速することに気付かせてあげる、という感じです。


このように、顕在化しているニーズの市場規模が小さい場合は、似ているけれども違うカテゴリの市場から、お客さんを移管させる戦略を立ててみましょう。

顕在ニーズのさらに奥にある潜在ニーズを探る

ターゲットの悩みや欲求に、ある程度のニーズがあるかどうかを確認することが大事だということはおわかりいただけたと思います。出版でビジネスを加速させるのであれば、まず書籍を購入してもらわなければ始まりません。書籍を購入してもらうには、ターゲットがそもそも悩みや欲求に解決しようと考えている状態であることが必要条件です。解決したい悩みでなければ、ターゲットはお金を払ってくれないからです。

こうしてニーズがわかり、そのニーズの市場もあることが確認できたら、早速その内容を企画書にしていきたいところです。でも、あなたの立てた企画をより良いものにし、より売れる書籍にしていくために、企画をさらに磨いてみましょう。

例として、こんなことがあります。

口臭が気になるのをどうにかしたいという悩み・欲求を抱えているターゲットに対して書籍を作ろうとした時、普通だったらそのまま口臭予防の書籍を出してしまいがちです。でも、口臭予防の書籍は既刊書も多いですし、普通に出版しても売れにくいです。ですから、差別化を考える必要があります。

そこでヒントになるのが、ターゲットの潜在的なニーズを探る方法です。潜在的なニーズとは、いわゆる「本音」です。口臭を解決したいと思っている人の本音は、「今度予定されている彼女とのデートのためにどうにかしたい」というものかもしれません。ですから、単に口臭予防の企画を考えるよりも、短期間で効くことを訴求するとか、異性と話すときに気にならないみたいなベネフィットを打ち出してみるなどの工夫をしてみてください。そうすることで、類書との差別化ができるだけでなく、ターゲットが本当に欲しがっているものを提供できるようになります。

このように、既に市場にライバルがいる場合は、ターゲットの悩みや欲求を漠然と捉えるのではなく、より具体的に訴求することで買われやすい仕掛けを作ることができます。

一見するとこれは、市場を狭くする話ではありますが、ニーズを深める話でもあります。ニーズを深めるとは、つまりターゲットがより強く求めているところへ訴求できるということです。読者の悩みが強いものであればあるほど、それを解決すれば読者から感謝されます。「あんなに悩んでいたのに、この本のおかげでよくなった」という感想が生まれれば、書籍や著者であるあなたの価値も高まるというわけです。

ターゲットを決めるときの落とし穴に注意

人のことはよくわかっても、自分のこととなると急にわからなくなるもの。「あの人はこうすればうまくいくのに」と人に対して気づけることはあっても、いざ自分のことになると、どうすればうまくいくのか悩んでしまいがちです。

ビジネスをする上では、誰かに自分の商品を購入してもらう必要がありますが、その際に必ず「誰に売るのか」と、ターゲットを決めますよね。ターゲットを決めるとき、みなさんがよく陥りがちなことがあります。何によく陥っているかというと、自分が狙うべきターゲットを見誤ってしまうことです。

研修講師の人を例にして考えてみましょう。

普段、研修をしている人たちは、管理職や新入社員あるいは中堅社員向けなどさまざまな階層に向けて研修を行なっていますよね。そういう人が、書籍の企画を立てる場合、ターゲットは一体誰にしたらいいと思いますか？

実は、研修講師の人がターゲットとして狙うべきなのは、社長など決裁権のある人物です。

ですから、研修講師の人は、社長もしくは決裁権のある人がどのような悩みや欲求を抱えているのかを考え、そこにリーチする解決策として書籍の企画を立てていく必要があります。

いつもの研修では、社員に向けてサービスを提供するので、ついつい社員向けの書籍を作ろうとしがちです。でも、いくら社員の手元に書籍が渡ったところで、決済者があなたに仕事をオファーしなければあなたのビジネスは加速しません。

このように、商業出版を通してビジネスを加速させたい場合の企画は、普段提供している相手がターゲットになるとは限らないことを覚えておいてください。

SECTION
04

ターゲットが探している情報を先回りする

書店ではジャンルごとに書籍が並んでいる

「なんかいい企画、ない？」という言葉、出版業界では日常的に飛び交っています。もしかしたら、あなたも自分の本業をしている中で、そんなことを言われたことがあるかもしれません。いい企画というのは、パッと閃くものだと思われがちですが、企画が閃くには、それなりにあらかじめ情報を集め、それらを自分の中に蓄えておかなくては難しいです。材料が何ひとつ揃っていないのに、なにか美味しい料理を作ってくださいと言うようなものです。

企画を考えるのに必要な情報は、何よりターゲットとなる読者に関することです。ターゲットのことを知り、その人たちが何を求めているのかを把握できなければ、当たる企画にはならないからです。ターゲットのニーズにきちんと刺さる企画を立てられるようするため、あなたが考えるべきことはなんでしょうか。ここでは、そのことについてお伝えしていきます。

書店へ行くとわかりますが、書籍はジャンル別に棚に置かれていますね。書店を訪れたお客さんがわかりやすいよう、そのような置かれ方になっています。

企画を考えるときは、まずへ書店へ行ってみてください。書店に行ったら、ここで、自分の立てた企画で出版するとしたら、書籍がどの棚に並びそうなのかをチェックしてみてください。

主婦の人へ訴求したいのであれば、主婦の人が行きそうな棚をチェックします。書籍がジャンルごとに置かれるということは、その棚にくる人たちが、自分の想定するターゲットと合致しているのかが重要です。ですから、企画も狙いたいターゲットが訪れる棚に置いてもらえるような企画にする必要があります。

意外と知られていないのですが、書籍をどの棚に置くかを決めるのは、書店員の采配です。こちら側から各書店に対し「この書籍はこのジャンルの棚に置いてください」

とコードで指示はしているのですが、ほとんど見られることもなく書店員の采配で置かれます。ということは、書籍を並べる時に、どう判断されるかということも踏まえて企画を考えなくてはならないのです。アフィリエイトのことが書かれた書籍であれば、パソコン書の棚を狙うのか、副業の棚を狙うのか、どちらの棚に置いてもらいたいかを考えてみてほしいのです。

書店に訪れる人たちは、それぞれがどういう悩みを持っているのかによって、向かう棚が違います。あなたがバックエンドとしてアフィリエイトを教えたいと考えているとしても、パソコン書の棚に置かれることがいいとも限りません。まだアフィリエイトという選択があることを知らない人だっているでしょうし、間接的集客を狙い、副業の棚に置いて気付かせるというのもありでしょう。このように、自分はどのジャンルを狙うべきかを考えるときは、ターゲットの欲求や悩みからジャンルを考えてみてください。

また、書店の棚をチェックされるときは、その棚に並ぶ書籍が、どのくらいのペースで入れ替わっているのかを定期的に確認するようにしましょう。入れ替わりが激しい場合は、それだけ参入余地があるということです。一方で、なかなか書籍が入れ替わらず、ずっと長期で同じ書籍が並んでいる場合は、その棚の参入余地はあまりないかもしれません。

書店を訪れる人の多くは、目的を持って訪れることが多いです。要するに、どの棚へ向かうのかが予め決まっているということです。近くにどんなにいい書籍が並んでいたとしても、自分の目的と違う棚にあるものは見向きもせず、目的の棚へ一直線で向かいます。

ですから、自分のビジネスのターゲットとなるお客さんが、狙った棚にきちんと来るかどうかを考えてください。ターゲットとなるお客さんが、必ず立ち寄るようなジャンルの棚に置かれるような企画になっていることが大切です

狙ったジャンルの中で一番いい書籍を企画する

毎日何冊もの書籍が発刊されるわけですから、それに合わせて書店に並ぶ書籍も日々

入れ替わっていきます。当然、売れていない本は差し替えられていきますから、今現在棚に並んでいる既刊書は、ある意味熾烈な競争を勝ち抜いた精鋭たちともいえます。

そんな競争を勝ち抜いた既刊書たちの中に、あなたの書籍は参入していくことができるでしょうか。参入し、できるだけ長く棚に置いてもらえるようにするため、既刊書の隙間を狙えないかどうか考えてみましょう。

いくつか既刊書の中身を見てみると、いろいろなヒントが浮かんできます。月に一度でもいいですから、必ず書店に足を運び、定点観察をしてみるといいでしょう。実際私も、いまだにそうしています。自分の書籍が定番本として置かれるにはどうすればいいのか？　あるいは、長く書店に置かれるにはどうすればいいのか？　ということを考えてください。一冊一冊を手に取り、丁寧に見てみるのも良いですが、棚全体を俯瞰して見ることも忘れないようにしましょう。

ターゲットが検索で使うキーワードを考える

多くの人が書店で書籍を購入しますが、近年、Amazonなどのネット書店で購入する人も随分増えました。ネット書店を利用する人たちは、あらかじめ購入する書籍のタイトルが決まっている場合もありますが、抱えている悩みから検索して書籍を探すケースもあります。

実用書の場合、悩みや欲求にリーチする内容で作られますから、このような検索されるときにヒットさせて気付いてもらうということができます。ですから、書籍のタイトルに、ターゲットが使う検索キーワードを含んでおくと、ネットで見つけてもらいやすくなります。

ちなみに検索キーワードを考えるときは、複数のキーワードで考えられると尚良いです。キーワードが増えれば増えるほどターゲットを絞り込むことができ、検索する人に「自分のための本だ」と気付いてもらいやすくなるからです。

どんな検索キーワードを使ったらよいのかは、キーワードツールを使って調べてみましょう。初心者でも使いやすいツールとしては、「ラッコキーワード」と「Aramakijake」というツールがあります。ツールを使って調べ、大体月に5000回くらい検索されているキーワードであればいいでしょう。

「ラッコキーワード」https://related-keywords.com/

「Aramakijake」https://aramakijake.jp/

たとえ本が知られていなくても、検索して買われることがあるのが実用書のメリットです。書籍のタイトルだけでなく、商品説明のところにもキーワードが入っていることで、検索で見つけてもらえ、購入してもらえることがあります。

ターゲットが求めている内容で企画を考える

企画を考える際、多くの人が自分の書きたいことを書いてしまいがちです。でもそれは一般書の考え方であり、実用書の企画の考え方ではありません。あくまで実用書として出版を狙う以上、読者の悩みや欲求に訴求したものでなければ買ってもらえないからです。

悩みや欲求に訴求した内容を企画にする場合、あなたがどのような立場としてその書籍を書くのかによって、伝え方が異なります。実用書の場合、著者としての立場は、「実践者」あるいは「専門家」の2つのパターンがあります。

あなたが「実践者」として書くのでしたら、何か特別な資格を持っているとか、専門の学校を出ているというようなしっかりした肩書きがなくても構いません。実践者ですから、重視されるのはあなたの実績。読者から納得してもらえるような実績があればいいのです。

一方、「専門家」として書く場合はどうでしょうか。専門家としてなら、やはりそのカテゴリやジャンルにおいて有名な資格を所有しているなど、客観的に誰もが認めてくれるような肩書きを持っている必要があります。

実践者か専門家、どちらの立場で書いた方がいいのかは、もし自分が深刻な病気にかかったらどういう行動をするのかを考えてみるとわかりやすいです。

自分が病気になった時、頼りたいのは専門家であるお医者さんですよね。実践者である同じ病気を克服した人の話を聞くことがあるかもしれませんが、その際は、あくまでも参考として話を聞かれると思います。このイメージが、実用書における、実践者と専門家の違いです。

SECTION 05

ターゲットから信頼される企画にするために

一番の基本は、ターゲットの一冊目需要を狙う

出版不況と言われ数年経ちますが、それでも出版ビジネスがなくならないということは、それなりに書籍を求める人たちが存在しているということです。

では、あなたがこれから出版しようとする実用書を求める人たちは、どのような人たちでしょうか。書籍を購入する人の傾向はある程度限られていて、それらはデータでもはっきりと示されているものがあります。実用書の場合、書籍を購入する人は、それぞれのジャンルの初心者か専門家のどちらかに偏っている傾向があります。

初心者というのは、これからそのジャンルのことを学ぼうとする人のことです。初心者は、何か特定の悩みを抱えているというよりも、広く浅くでもいいからその

ジャンルのことについて知りたい。という欲求を持っています。広く浅く学ぼうとするなら、そのジャンルにとって大切なノウハウが体系的にまとめられている書籍を使って学ぶ方が圧倒的に早いからです。

一方、専門家はどうでしょうか。専門家の場合、既にそのカテゴリやジャンルのことはある程度知っている人たちです。体系的には理解していますが、そこからさらに細分化されたことを知りたいなどと、より高度な知識を求めています。知識は、高度になればなるほど、理解するまでが大変です。そういったことを理解する媒体としては、いくら動画が流行っているとはいえ、書籍から吸収するのがもっとも効率的です。

このことを踏まえると、あなたはどちらで出版すべきでしょうか？

少なくとも出版の目的をビジネスの加速においている点では、初心者向けに出版した方が明らかに有利です。それは、次の図のように専門性が高くなればなるほど、実践者が少なくなり市場が小さくなっていくからです。初版部数をしっかり売っていきたいと考えるなら、市場の大きい初心者に向けたものが良いといえます。

そして、企画を立てるなら、読者の1冊目需要を狙える企画を立てるようにしてください。初心者の中にも、紙の書籍を読んで安心したいという人は一定数存在しますから、その人たちが最初に手に取る書籍になろうということです。2冊目、3冊目に買われる書籍は、多くの場合が1冊目の内容を補完するために買われていきます。

できるだけたくさんの人に書籍を購入してもらうことを考えるなら、やはり1冊目に買ってもらえるようにするべきです。書店の棚に並んでいる既刊書と比較して、よりわかりやすく、より簡単に書かれている方が手に取られやすくなります。

市場規模と専門性

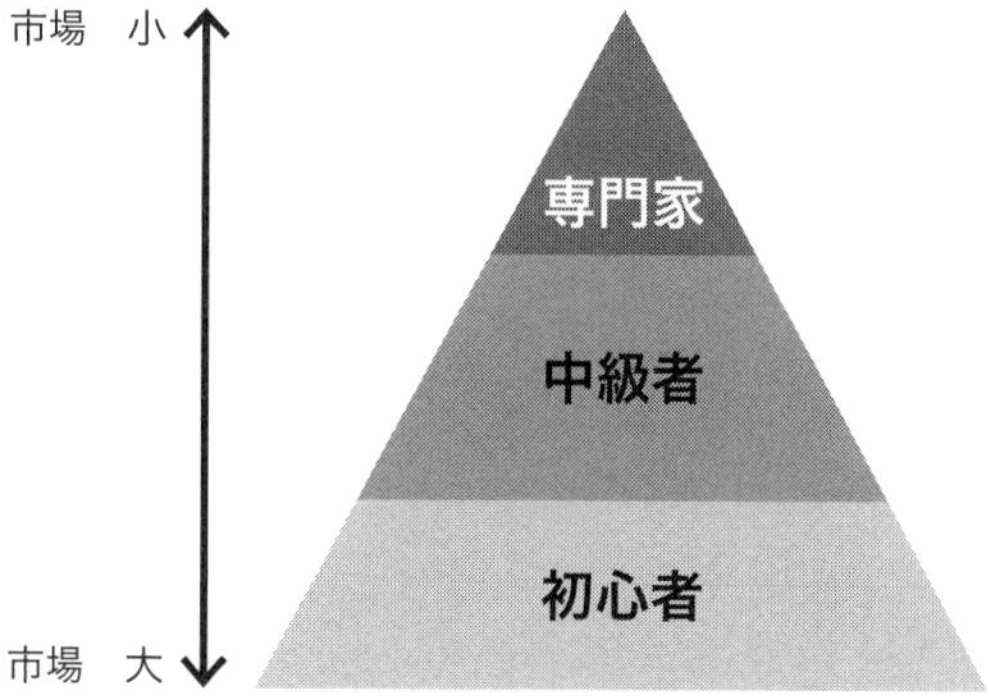

切り口をいろいろなパターンで考えてみる

現在書店に並んでいる既刊書の中から、自分の書籍を手に取ってもらいやすくするためには、差別化が必要です。差別化というと難しく考えすぎてしまう人もいて、突飛なことを考えようとする人もいますが、同じテーマでも企画の切り口次第でいろいろなパターンを生み出すことができます。企画を考えるときのパターンは本当にいくつもあるのですが、今回はその中でもよく使われる5つを紹介します。

・**強みを強調して落差をつける**

「○○でも▲▲になれる」のように、ギャップを打ち出してみる方法です。読者が想定していないような意外性のあるものだと、興味をそそられて手に取ってもらいやすくなります。

とくに前半部分の○○の部分には、「働かなくても」などハードルが低く感じる言葉を当てはめます。そして後半の▲▲の部分には、「月収○○円」という理想の未来が想像できるような言葉を当てはめるといいです。

・視点の高さを変えてみる

そのテーマについて、視点の高さを変えて伝えるという方法です。

視点を高くすれば、情報は浅くなってしまいますが、入門書のようなものであれば、テーマについて広く浅く全体を知りたいという人のニーズを満たすことができます。反対に、ある特定の話題に特化し間口を狭くすることで、深い情報を与えることも可能です。

・業界の内外で考えてみる

限られた知識を持っている人が、一般向けに広くノウハウを提供するという切り口も面白いです。例えば、書籍編集者だけが知っている売れる企画の作り方みたいなものであれば、見た人を「なんだろう？」という気持ちにさせられます。テレビのバラエティ番組でも、ドラマのNG集を取り上げていることがありますよね。あのように、人がなかなか立ち入れない領域や、表に知られていない情報に興味を抱く人は、常に一定数いるものです。

・テーマ同士を掛け算してみる

違うテーマ同士を掛け算することで、まったく新しいものだと思わせることもできます。

例えば「フェイスブックでブランディングする」という切り口があります。フェイスブックとブランディング、この2つはまったく異なるテーマですが、掛け合わせることで新しいジャンルを作り出すことができます。

・シリーズを狙ってみる

実用書の場合、シリーズとして出版を狙えないか考えるのもありです。

実のところ出版社は、作った書籍ができるだけ長く書店に置いてもらえるよう、シリーズを増やしていきたいという思いを持っています。これは書店員がどう感じるかを狙っているところもあります。書店員としては、シリーズ本を置くと棚が綺麗ですし、書店に訪れるお客さんの中にはシリーズで揃えたいという欲求を持っている人がいるからです。

シリーズを狙うことのメリットは、既に出版されている他の書籍があるので、書き方のイメージもできるという点。初めて書籍の原稿を書く人は、書き方がわからず苦労しますが、参考となるシリーズ本があれば、原稿を書く上でも取り組みやすいでしょう。

もうひとつ、シリーズ本のメリットがあります。

それは、売れ行きがよくなく一度平積みから棚差しになってしまった書籍でも、後発としてシリーズ本が発刊されることにより、再び平積みに戻る可能性が高くなることです。棚差しよりも平積みの方が圧倒的に目立ちます。

考えた切り口をいくつかの視点でチェックする

企画の切り口が固まったら、本当にその企画で良さそうか、客観的にチェックしてみましょう。書籍の代金はおよそ1500円くらいですが、その価格に対して寄せられる期待以上の価値は提供できそうでしょうか？　自分だけが満足しているだけではいけません。少なくとも、その悩みや欲求を持っている人たちが、お金を出してでも買いたくなるような企画になっている必要があります。

また、人に教えたくなるような内容になりそうかもチェックしてください。読んで「よかった」と感じてもらうだけでなく、人にも「これがオススメ！」と言ってもらえるようなものができれば、口コミなどでも広がっていきます。今はＳＮＳがありますから、自分の書籍をシェアしてもらうことで、加速的に広がっていくことが期待できます。

他にも、お客さんがその書籍を堂々とレジへ持っていけるかどうかも、案外大切です。「レジの人に見せたらどう思われるのかな？」と買うことを思いとどまってしまうような企画は、いくら面白くても考えものです。

別れた恋人と復縁したいと考えるとき、女性は書店で復縁本を購入する人も多いですが、男性はなかなか恥ずかしくてできないようです。今はネット書店もありますから、そちらで購入してもらえればよさそうですが、売れ行きをみると、やはりリアル書店の総数にはかないません。書店で買いやすいタイトルにするということは、その分購入してもらえるチャンスも増えるのです。

SECTION 06

セミナーを開催して商業出版を目指してみる

セミナーを開催していると商業出版はしやすい？

あなたの考えた企画がターゲットから受け入れられるかを確認する方法として最適なのは、その内容でセミナーをすることです。セミナーの実績があれば、出版企画は通りやすくなりますから、一石二鳥です。

セミナーをするときは、自分のセミナーのターゲットと出版した時の読者ターゲットをイコールにしてみてください。まずは誰に向けて何を伝えるのかを考え、ターゲットを明確にしていきます。ターゲットが明確になったら、その人たちに向けて、ブログやSNSなどを活用してきちんと情報発信をしてください。

情報発信することで集まってきた読者をそのままにせず、メルマガへの登録を促すなどして、ひとつの場所できちんとコミュニケーションが取れるようにしておきましょう。その中で、あなたの考えたことをいろいろ提案してみるのも、相手の反応がわかりやすいのでオススメです。もし相手からの反応が良くなければ、何がよくないかを考えて修正していきましょう。

発信し、修正し、また発信する……。何か企画を思いついたら、それが実際に受け入れてもらえそうなのか、PDCAサイクルを回しながら精度を高めていってください。

セミナーを開催していると商業出版はしやすい？

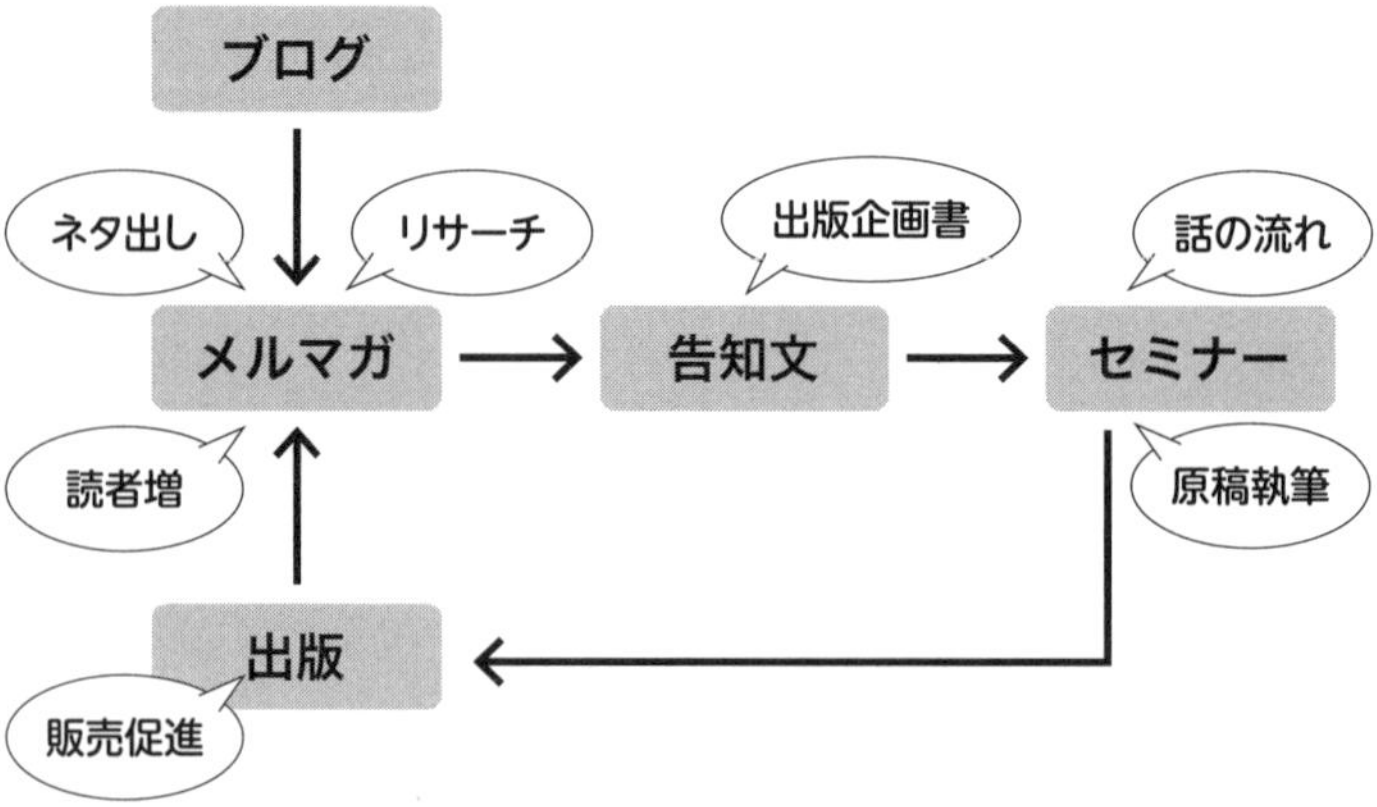

CHAPTER

03

出版社に
採用される
出版企画書とは

SECTION 01

出版社に採用される出版企画とは

一般的な出版企画書の仕様について

出版企画の考え方は、一度できるようになってしまえば、扱うテーマやジャンルが変わったとしても応用が効きます。出版企画は書籍の編集者にしかできないことではありませんし、何冊も出版している著者の中には、私も「いいね！」と即答できるようないい企画を立てられるようになってくる人もいます。

さて、企画のコンセプトが固まり、自分の出版企画が出来上がったら、次はいよいよ企画書を作成していきます。ここでは、一般的な出版企画書の書き方について説明します。まず、出版企画書に必要な項目は、次のとおりです。

・書籍のタイトル

・企画概要
・著者プロフィール
・構成案（書籍の目次のこと）
・読者ターゲット
・類書
・販売促進
・仕様

私のように普段から編集者として書籍作りに携わっている人間であれば、必要な項目としてタイトル企画概要、著者プロフィール、構成案があれば、話を聞いてもらうことができます。皆さんが出版社へ直接売り込みに行かれる場合は、これだけでは不十分です。読者ターゲットや類書のほか、どのように書籍の販促を行う予定なのかなども具体的に示しておきましょう。

企画書を作成する上でのポイントは、Ａ４の紙２枚に収まるように作成することです。企画書は、多すぎても少なすぎてもいけません。企画書の中に自分の考えや想いをとことん詰め込んだところで、その企画書を受け取るのは、あなたのことを何も知らない編集者です。出版社側としてはビジネスで出版するわけですし、他人から突然長文の企画書を送られてきても困ってしまいます。少なすぎてもいけないのは、その企画に対するあなたのやる気が伝わりにくいからです。やはり300万円という大金を投資するわけですから、あっさり簡単とまとめられたような企画書を見たところで、投資したいという気持ちは起こりにくいです。

企画書を読む相手の負担にならない程度の量であり、かつあなたの本気度が伝わるような量が良いでしょう。

出版企画書の書式についての質問も度々ありますが、ベストはテキストファイルです。ワードファイルやPDFファイルでも構いませんが、編集者が社内の会議用に書類を作成する際の手間を考慮すると、フォントデータなどに影響されないテキストファイルが一番ありがたがられます。テキストファイルでなければダメだという話ではなく、そのような配慮ができる人だと伝われば、あなたに対する印象がよくなるという話です。

出版企画書を書く前に知って欲しい心構え

続いては、出版企画書を書く時の心構えについて説明していきます。

ときどき、「出版して世の中をよくしたい！」と出版することに意気込まれる人がいらっしゃいます。でも残念ながら、それは無理です。そもそも出版社は、そのような意気込みで出版しているわけではありません。本書の中でも再三書いていますが、出版社はあくまでもビジネスとして書籍を作っているのであって、文化を作ろうとか世の中を変えようという意識でビジネスをしているわけではないのです。

たくさんの人から書籍が購入してもらえるような書籍を目指した結果、書籍に影響された人たちが増えた。その人たちの影響で、流行が生まれた。というような流れは、確かにあるかもしれません。でも、あくまでも起点はビジネスであり、世の中のためではありません。

ビジネスですから、利益を出すことを目指します。より売れる書籍を作るために、読者の求めていることを提供し続けなくてはならないのです。

それから、世の中には私と同じように出版プロデュースを仕事にしている人たちがいます。その人たちの中には、「出版して自分の名刺を作ろう」とセミナーなどで謳っている人もいます。出版社の人たちも、現にそのような人たちがいることを知っていますから、企画書の中に、あまりに独りよがりなことを書いたりしてしまうと、「この人は出版社のお金で、自分の名刺を作りにきたんだな」と捉えられかねません。通る企画書を作りたいなら、出版社の立場を考えて作るのが一番近道です。出版企画書を提案書だと思っているかもしれませんが、企画書を投資案件として考えれば、感覚としてわかりやすいと思います。

SECTION 02

出版企画書を自分で書く場合の注意点

出版企画書を読むのは100％編集者

300万円という大きな金額を扱う仕事をするなら、どんな人と一緒に仕事をしたいでしょうか。私なら、最低限の条件として、少なくとも社会人としての常識やマナーがあり基本的なビジネススキルを持っている相手を選びたいと考えます。

あなたの出版企画書を読む編集者も、おそらく同じことを考えているでしょう。でも稀に、今挙げたようなことが足りていない人がいるのです。あなたが送った出版企画書を最初に手に取るのは、ほぼ100％編集者です。その編集者というのは、常に複数の案件を抱えており、連日深夜まで働いている人がほとんど。端的に、多忙な人なのです。

多忙ですから、サクサクと仕事を進めていきたいと常に思っていますし、制作物の品質に関わる創造的な作業にできる限り時間を費やしたいと考えていますから、メールチェックなどの事務仕事は、要不要を瞬時に見分け作業していきます。ですから、そのような多忙な編集者に自分が送ったメールを見てもらえるかどうかは、実は送る段階から既に勝敗が決まっています。メールを丁寧に見るか見ないかの判断基準は、メールアドレスや連絡先、それからメール本文に書かれた文面から読み取れます。「仕事のできる人かできない人かどうかは、メールを見ればすぐにわかる」と言う人がいますが、それには私も同感です。

編集者として、いろいろな人からメールをいただいていますが、確実に読まないメールは決まっています。それは、フリーメールを使ったメールアドレスから送られてきているもの。そして、きちんとした連絡先の記載がなく、どこの誰だか判別できないもの。さらに、ビジネスメールの基本的な挨拶がされないものや友人同士のやりとりを思わせる文面のものです。どのようなメールを送ればいいかどうか、ここでは敢えてふれません。

自信がない人や実はよくわかっていないという人は、ビジネスメールや文書の方法が書かれた書籍を購入し、自分で調べましょう。少なくとも、そのくらいのことが普通にできる人でなければ、相手にしてもらえないからです。

編集者は出版企画書から何を読み取るのか

出版企画書の良し悪しの判断基準が明確にあるわけではありませんが、編集者ならではの視点があります。その視点とは、主に次のようなことです。

・どんな書籍が出来上がるのか?

出版企画書に書かれている内容を見て、どのような書籍になりそうかをイメージします。書籍の大きさや厚み、中の誌面イメージなどを想像するのです。この時に、編集者が想像できないような情報しかないとしたら、あなたの企画書がよくないということです。

出来上がりイメージとは、ハードカバーにして欲しいとか、こういう印刷にして欲しいなどという仕様の細かさのことではありません。大まかに「あの〇〇という書籍のようなイメージかな」ということが想像できるかどうかが大事だということです。

・書店でどの棚に置かれるのか？

次に、書店のどの棚に置いてもらえる書籍になるのかについても考えます。既に述べましたが、書店にはジャンルやテーマごとに棚が分かれています。新刊として出たすぐは、平積みにされる書籍も多いですが、時間が立つと棚差しと言って、書棚に並べられるようになります。書籍が平積みから棚差しに変わる際、どこに置かれるのかが非常に重要です。

書店員も日頃からたくさんの書籍を扱っていますし、忙しいですから、書籍の整理の時にいちいち書籍の中身を見て確認してから棚に差すというようなことはしません。パッと表紙やタイトルを見て、そこから連想されるジャンルの棚に並べていくのです。

それを考えると、きちんと書籍のターゲットとなる人と、書籍が置かれるであろう棚が一致しているかどうかが重要です。極端な話、経営者向けの書籍が女性の恋愛系書籍の棚に置かれていたら、その書籍はターゲットとなる人たちから気付いてもらえません。気付かれなければ、売れることもないですから、ゆくゆくは売れなかった書籍として返本される可能性が高くなってしまうのです。

・きちんとその書籍を購入してもらえるのか？

書店を訪れた人が、その書籍をちゃんと手に取ってくれそうか。あるいはレジに持っていきやすいかどうかも重要です。例えば似たような書籍が並んでいたら、それだけで選ばれにくくなりますよね。似たような切り口の書籍があり、ライバルの著者が有名な人だとしたら、著者として無名なあなたの書籍が買われていくことは少ないはず。ということは、同じ棚のライバルとなる書籍の中から、「これにしよう」と選んでもらえるだけの何かがないといけないのです。

SECTION 03

出版企画書の必須項目ごとの書き方

まずはコンセプトコピーからタイトルを考える

出版企画書のコンセプトを考えましたが、その考えたコンセプトコピーをもとに、書籍のタイトルを考えていきましょう。ここであなたが決めた書籍のタイトルは、実際に出版されるときのタイトルになるとは限りません。ですが、編集者にきちんと読んでもらえる企画書に仕上げるためにも、タイトルは重要です。思わず編集者が作業の手を止めてしまうような、興味をひくタイトルを考えてみましょう。

タイトルの付け方としては、【○○なのに、△△した☆の方法】というコピーをベースに考えると外しません。それぞれの記号のところに入れる内容としては、次の通りです。

・○○には、対象（ターゲット）や手法などを入れる。

「初心者」「運動音痴」「主婦でも」のような読者ターゲットを連想させる言葉や、「サルでもわかる」あるいは「朝たった10分でできる」といった、手法を入れましょう。

・△△には、読後の到達点を入れる。

読者が書籍を読んだ後にどうなれるのか、その到達点を入れてください。例えば、「月収１００万円」とか「マイナス10キロ」などがあります。

・☆には、数字を入れる

実は編集者は、数字の入ったタイトルが大好きです。これはもちろん、編集者の個人的な趣向ではなく、数字を入れた方が読者に具体的に伝わりやすく、書籍が売れやすいからという理由があるからです。

無理に数字を入れようとしなくてもいいのですが、もしも数字を入れるのであれば、どこか1箇所に入っていれば十分です。○○のところに入っているのなら、△△のところには数字はなくて構いません。

その他やった方がいいことは、タイトルコピーの中のどこかに、ターゲットが検索しそうなキーワードを入れておくことです。ここでいうキーワードとは、ネット書店で検索するときに使うキーワードになりますし、書店員が棚を選ぶ際にも影響します。例えばアフィリエイトに関する書籍であれば、それが間違ってまったく違う棚に置かれてしまわないよう、タイトルのどこかにアフィリエイトというキーワードを入れておくと良いです。

企画の魅力を編集者に伝えるための企画概要

企画概要とは、その企画がどのような内容なのかを伝えるためのものです。企画概要をダラダラと書く必要はありませんが、それを読んだ出版社が３００万円の投資をしたくなるような内容にする必要があります。企画概要に求められる要素としては、主に次のようなことがあります。

・今、その書籍が必要な理由

編集者から「それは今出さなくてもいいのでは？」と思われてしまったら、先延ばしにされてしまいます。連日、どんどん出版企画書が送られてくる編集者が一度先延ばしにした企画書は、二度と戻ってこないくらいに考えてもいいと言っても過言ではありません。ですから、「この企画は、今だからこそ売れる」と言えるような理由や根拠が必要です。そのような理由や根拠を作るためには、時事ネタを引き合いに出すのがオススメです。

・切り口や書籍の存在意義

あなたの企画は誰（ターゲット）に向けられたものであるのか。そしてその人たちのどんな役に立てるのかについて書きましょう。この時、先ほどの時事ネタから起因したターゲットであることが大事です。

・その書籍が売れる理由や根拠

いくらあなたが「今出版すべき」と訴えたとしても、やはり出版社側としてはビジネスとして行っているわけですから、その発言に根拠を求めたくなります。何をもってそう言えるのかを知らなければ、良し悪しを判断することすらできません。
出版社に対し「今出版するべき」と説得するのであれば、理由や根拠として必要なことは、類書との差別化をどうするのか、その企画のテーマにおける市場規模など、売れる根拠をできるだけ数字を使って説明してください。

・書籍のイメージや特徴

次に、書籍のイメージや特徴です。「スリーステップで解説する」とか「手順を一切省かずに解説」など、書籍の特徴やイメージが掴めるような説明を入れましょう。

企画概要で大切なのは、この企画で出版すると売れると言える、その根拠と現実性です。今まで説明した企画概要は、10行くらいで簡潔にまとめましょう。

書籍を買ってくれそうな読者ターゲット

読者ターゲットを考えましょうと言うと、性別な年齢、職業などで想定しようとする人が多いのですが、属性で判断するよりも、ターゲットの思考にフォーカスして考えた方がうまくいきます。属性で考えるとは、先ほど挙げたように「20代の女性」とか「40代のサラリーマン男性」という括りで考えることです。一方、ターゲットの思考にフォーカスして考えるというのは、「〇〇を解決したい人」とか「〇〇を手に入れたい人」のように、ある悩みや欲求で括ることです。

副業で稼ぎたいという欲求を持っている人が、その解決策を求めて書店に訪れたと想定しましょう。この場合、ターゲットは「副業で稼ぎたいと思っている人」であり、性別や年齢、職業などの属性は一切関係ありません。20代の女性でも50代の男性でも、サラリーマンでも自営業者でも、同じ悩みを抱える可能性は十分あります。

この時、ターゲットを「副業したい20代の女性」と絞ってしまうと、それは絞りすぎです。限定することで、ターゲットに強く訴求できるとはいいましたが、この場合はただ市場を小さくしているだけ。具体的にしすぎて市場を自ら小さくしてしまい、結果売れないと判断されるものを作ってしまわないようにしましょう。

そもそも実用書とは、ターゲットの悩みや欲求の答えを提供するものでした。このことを踏まえると、読者ターゲットとして定めるのは、やはり属性ではなく、特定の悩みや欲求に該当する人とした方が、実用書のそもそもの目的と合致します。どんな悩みや欲求を抱えた人をターゲットにするのかは、みなさんの企画内容によってさまざまあると思いますが、その市場規模は少なくとも3000人以上のポテンシャルを感じることが何より大切です。

そしてその悩みや欲求を解決しようと行動を起こす先が、書店であることも重要です。これも既にお伝えしていますが、緊急性が高いものなどは、解決するために書店に向かわず、直接お店に向かったり、イン

読者ターゲットは悩みや欲求から考える

副業して
お金を稼ぎたいな…
20代　女性
会社員

ターネットでサービスを検索したりするからです。

読者に分かりやすく伝えるための構成案

出版企画書に書く構成案とは、いわゆる書籍の目次のことです。

書籍の目次は、章・節・項と呼ばれるまとまりに分かれています。章や節までは、ビジネス書類でもよく使われるので馴染みがあるかと思いますが、項まではあまり見かけないという人もいるかもしれません。章・節・項は、次ページの図のようなイメージで、項へいくに従って、扱う話題の範囲がどんどん狭くなっていきます。

例として、今あなたが読んでいるところを取り上げてみましょう。

この章のタイトルは、「出版社に採用される出版企画書の作り方」です。そして節タイトルは、「出版企画書の必須項目ごとの書き方」。項タイトルは「読者に分かりやすく伝えるための構成案」です。

この章で伝えたいことは、文字通り出版企画書を作る方法です。私のような編集者の作る企画書ではなく、一般の人が出版社に企画書を持ち込む際に必要なことを伝える章です。

次に、この章は、４つの節に分かれています。章が大テーマだとしたら、節は中テーマです。この節タイトルは、出版企画書の必須項目ごとの書き方とありますから、企画書に必要なそれぞれの項目について、どのように書くべきかをひとつひとつ丁寧に解説しています。

書籍の大まかな構成が理解できたら、次は、それらを全体としてどのようにまとめたらいいのかを説明します。読者にとってわかりやすく、かつ読後にきちんと満足感を得てもらえるような構成としては、次の

書籍の階層構造

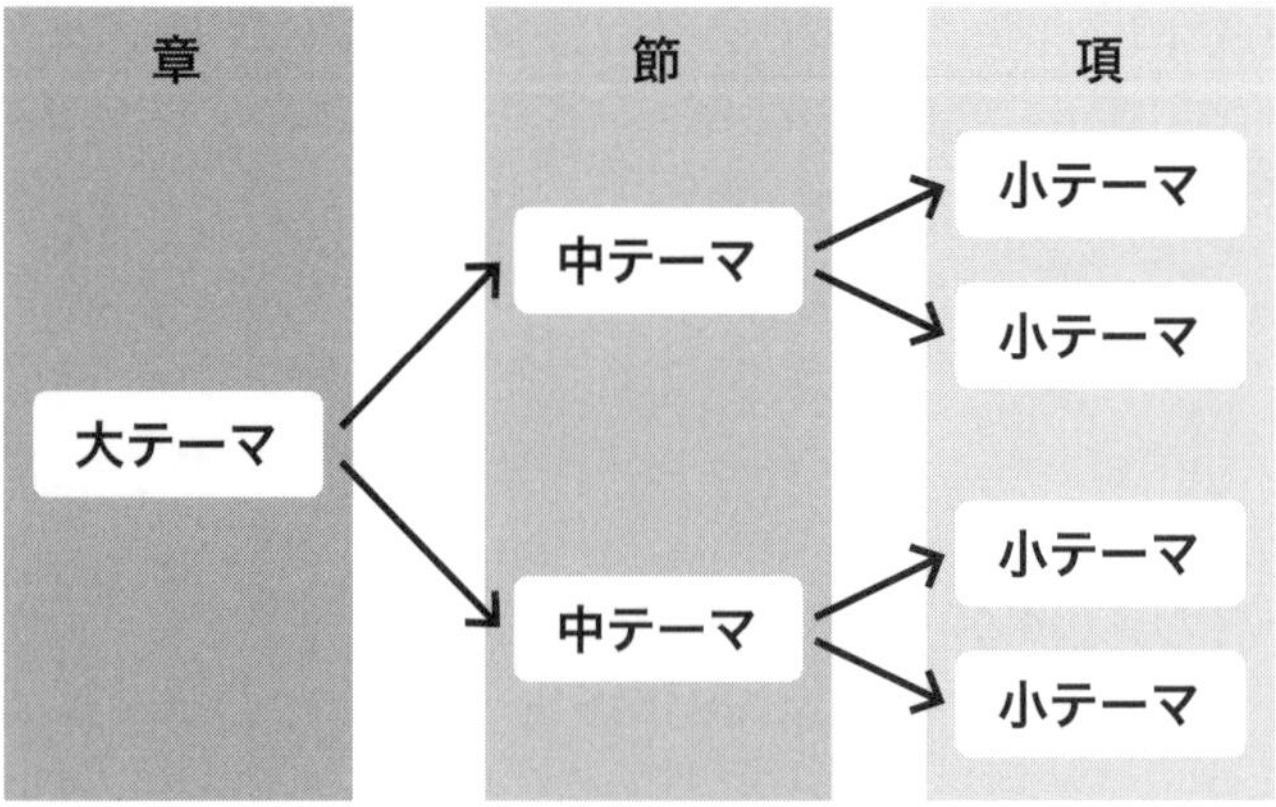

ページの図を参考にしてください。

一般的に、書籍の目次は大体6章立てで作られます。書籍の中で1章になる部分というのは、その書籍を読むモチベーションを高めさせる役割があります。ですから、読者が「なるほど、そうなのか」と納得し、「最後まで読んで勉強しよう」という気持ちになってもらえる内容にする必要があります。1章で書くべきことは、著者がどのようにしてそのノウハウを身に着けたのか。そしてそのノウハウが良いと言える根拠です。

1章で読者のモチベーションを高めさせたら、次にすべきことはそのノウハウの全体像を見せてあげることです。勢いよく始めても、全体像がなかなか見えないと人は不安になってしまうもの。登山に例えるとわかりやすいですが、自分が今どのくらい進んでいるのかがわからないので、不安になり途中で挫折してしまうのです。ですから、2章では書籍に書かれているノウハウの全体像を説明し、それに取り組むために必要なことがあればそれを解説していきます。

3章では、ノウハウの全体像を理解してもらった後にまず取り掛かることを説明します。そして4章、5章ではさらに読者がやるべきことを伝えます。最後6章では、それまでに学んだことのまとめを行い、ノウハウを実践する上での注意点を伝えていきます。

構成を考える上で最も大切なことは、なんといっても読者との約束が守れているかどうかに尽きます。読者との約束とは、書籍のタイトルに書かれていることです。書籍をひと通り読んだ読者が、タイトルに書かれている状態になれなければ、書籍やそれを書いたあなたに対してがっかりした気持ちになるでしょう。中には「損をした！」と怒る人さえいます。タイトル通りの内容になっているかどうか。内容を出し惜しむ

読者に分かりやすく伝えるための構成案

質問	章
・そのノウハウを身につけた経緯は？	1章
・ノウハウを実践していいことある？	1章
・そのノウハウのメリット、その根拠や理由は？	1章
・そのノウハウの全体像？	2章
・そのノウハウを実行するための前提条件や必要な準備は？	2章
・では、まず何をすればいいですか？	3章
・次に何をすればいいですか？	4章
・最後に何をすればいいですか？	5章
・このノウハウを実践する上での注意はありますか？	6章
・このノウハウを実践した先に待っている状況は？	6章

ことなく読者の満足だけを考えましょう。

出版できる根拠を書く著者プロフィール

出版企画書に書く著者プロフィールは、そのノウハウを書くにふさわしい人物かどうかを見定める根拠です。

出版社の人から、そのノウハウを執筆するのは他の人でもいいのではないかと思われてしまったら、あなたの出版のチャンスは遠ざかってしまいます。ですから、自分がなぜ書く必要があるのか、その根拠の部分までしっかり伝えましょう。

著者プロフィールに必要な内容には、次のような内容が含まれているといいでしょう。

・あなたの肩書きは何ですか？
・なぜ、この仕事を始めましたか？
・いつ、ノウハウを身につけましたか？
・身につけて何が変わりましたか？

・ノウハウ関連で、誇れることは？
・実践した人はどうなりましたか？
・今後、どんな活動をする予定？

出版企画書に必要なプロフィールは、その書籍を出版するのにふさわしい人物であるかどうかがわかることが重要です。なので、何も自分のこれまでの人生の全てを書かなくても大丈夫です。自分が凄い人であることを無理に伝えようとして、人生の紆余曲折を事細かに書かれる人もいらっしゃいますが、まったくその必要はありません。

必須項目ではないが入れた方がいい項目

みなさんが自分で出版社へ企画を売り込む際に、企画書に含まれていた方がいい項目としては、次の3つがあります。その3つとは、類書、書籍の仕様、そして販売促進に関することです。

・類書について

類書とは、あなたが提案する企画のライバルとなる書籍です。類書を挙げることで、編集者は書籍のイメージがしやすくなりますから、一番売れていそうな類書を挙げてください。

類書がわかれば、書店のどこの棚に置かれるのか、あるいはどのくらい売れそうなのかを検討でき、その企画に投資する価値の有無を判断できます。売れていそうな類書を挙げ、その上でその類書との差別化をどのようにするのかを書いてください。

「自分のつくる書籍に類書はありません」と仰る人もいますが、これだけ多くの書籍がある中、類書がないとはどういうことなのかを一度考えてみてください。まったく新しいカテゴリやジャンルのものであれば話は別ですが、そうでない場合、市場規模が小さすぎるなどの理由があるはず。出版社が出版をビジネスで行っている以上、類書がないということは、それなりの理由があるのではないでしょうか。

・書籍の仕様について

仕様とは、書籍の完成イメージのことです。書籍のサイズやページ数などを書いてください。扱うテーマによって書籍の作り方は異なりますが、書籍の中身がどのようなものになるのか、できるだけイメージできるようにしてください。書籍のカバーのデザインまでされる人もいますが、カバーは出版社が考えますので、あまりやっても意味がありません。ですが、書籍の帯に著名な人からのコメントがいただけそうな場合は、それを書いておくと有利です。

出版企画書というのは、あなたが出版社に対して「こういう企画で出版させてくださ い」と提案するものです。ということは、出版社があなたの企画書を受け取った時、「この人はこういう本が出したいんだな」というスタンスで企画書に目を通します。

ですから、あなたの希望をあまりに書きすぎると、それだけで通らなくなる可能性もあります。例えば、仕様のイメージとしてあなたが「ハードカバーだったらいいな」くらいのつもりで、「ハードカバー」と書いたとします。でも、その企画を受け取った編集者が「企画の内容は良いけど、ハードカバーは難しいな」と思った場合、その希望を通すことができないので、企画は流されてしまいます。

このように、いくらあなたが「こうだったらいいな」程度のつもりで書いたとしても、企画書に書かれているものは条件として捉えられてしまいます。あまりに細かく条件をつけすぎるとチャンスが遠ざかってしまいますから、気をつけてください。

・販売促進について

販売促進とは、書籍刊行後の販促をどのように考えているのかという計画のことです。

綿密な計画を書かなくてもいいですが、「○○という媒体に広告出稿します」や「Amazonキャンペーンを行います」などと、どのくらい自分が書籍を売るために努力できるのかを示してください。著者としてどのくらい売るつもりなのか。ある意味販売促進の項目は、あなたの出版に対する本気度が見えるところでもあります。この項目の中で、損益分岐点となる３００万円分は売れるだろう。それ以上も見込めそうだということがわかれば、出版社も企画に対し前向きになれます。

SECTION 04

「まえがき」は先に書いておくとブレなくなる

「まえがき」を先に書いておいた方がいい理由

出版企画書を送ると、送った先の編集者から「まえがきを書いて送ってください」と言われることがあります。なので、先に書いておくとすぐに対応できるのでオススメです。

また、「まえがき」を先に書いておけば、実際に書籍の原稿を執筆する際にも役立ちます。

書籍の原稿は、文字にして大体10万字程度ありますし、執筆期間に1～2ヶ月かかる人も少なくありません。書籍の執筆だけに集中することはできず、おそらくあなたは、業務の合間に執筆することになるでしょう。でもそうなると、執筆途中で方向性を見失ってしまったり、前半と後半で伝えたいことがぶれてしまったりするのです。最初から最後まで言いたいことをブレずに書きあげるのは、至難の技です。

そんな時、まえがきは非常に役立ちます。まえがきとは、ある意味その書籍のコンセプトが詰められたものと言ってもいいでしょう。もしもあなたが「何を伝えたかったんだっけ？」と手が止まってしまった時でも、まえがきを見れば思い出せます。まえがきは、道に迷ってしまった時に、あなたが進むべき方向を指し示してくれる、とても心強い存在となるはず。だからこそ、出版企画書ができたら、まだ企画のコンセプトなどをしっかり覚えているうちに、「まえがき」まで書いてしまうことをオススメしたいのです。

まえがきの書き方のヒントとなるのは、ランディングページです。ランディングページは、主に商品やサービスをターゲットに売る時に作るものですが、書籍の場合も、まえがきを読んで購入するかどうかを決める人がたくさんいます。ですからまえがきには、著者の熱量や読者の感情に訴えかけるような内容にしておく必要があります。

まえがきで伝えるべき要素としては、次のものがあります。

・読者の悩みに共感する

実用書の読者は、基本的に何かの悩みや欲求を抱えた人たちです。ですから、「このような悩みはありませんか？」や「実は私も○○のようなことで困っていました」などと、読者が抱えていることに共感してあげると、話を聞いてもらいやすくなります。この時、カッコつけて自分のことを最初から凄い人であるかのように書いてしまう人がいますが、それはやめた方がいいでしょう。

実用書の読者というのは、「変わりたい」という欲求を持っていますが、同時に「このままで大丈夫だろうか」という不安も抱えていたりするわけです。そのような人たちに向け、最初から凄い人であったかのように書いてしまったら、読者はどのように受け取るでしょうか。そんな読者の複雑な心理を汲み取りながら、寄り添うように書くといいでしょう。

・書籍を読むことで得られること、到達点を伝える

寄り添うだけでなく、きちんと読後に何が得られるのかを伝えることも大事です。1500円という書籍代を支払って得られるものはどういうものなのか、読んだ人はどうなれるのかを明確に伝えてあげてください。

手に入れられる事がはっきりしないものに対して、お金を出す人はほぼいません。ですから、明確な到達点を示すことが大事。

もちろん、示した以上はそれが読者との約束です。約束をしたのですから、あなたは書籍を通して読者を約束した到達点まで連れて行けるように、しっかり書いてください。

・他の書籍との違いを伝える

他の書籍との違いを伝え、あなたの書籍を読まなければならない理由を書きましょう。例えば、「既に○○に関する書籍はたく

まえがきの論理展開

読者の悩みや欲求に共感する

▼

自分の経験などを伝え自分に語る資格があることをつたえる

▼

読後の到達点を伝える

▼

類書との違いを伝える

さんありますが、本書では他の書籍ではふれられていない＊＊について丁寧に解説しました」というような感じです。

他の書籍を読んでも書かれていない内容があることは、読者があなたの書籍を読む動機となるのです。

CHAPTER

04

出版社への出版企画書の売り込み方

SECTION 01

とことん商業出版にこだわるべき理由

商業出版とは違う出版形態には要注意

商業出版と対になって話される出版形態が、自費出版です。自費出版とは、文字通り自分でお金を出して書籍を出版するというものです。

自費出版だと書店には書籍を置いてもらえないという人もいますが、そんなことはありません。書店によっては、自費出版コーナーを設けているところもあります。それはどういうケースかというと、自費出版をしている出版社が、書店の一部を、お金を出してレンタルしスペースを確保しているのです。自費出版は著者が自分でお金を負担して出版するのですから、もちろん自分の好きなことを書くことができます。しかしながら、自分の書きたいことを書いたからといってビジネスが加速するわけではありませんし、商業出版の一番のメリットとなる、第三者からの認定がありません。ですから、いくら出版したと言って見せたところで、他人から「すごい」と思ってもらったり、仕事を頼みたいと思われたりすることはほとんどありません。

既にお伝えした電子出版も、先ほどの自費出版と同様の形態です。商業出版された書籍の電子化ではなく、制作費を負担して出版する電子書籍の価値は、やはり自費出版とほぼ同じです。

他には、オンデマンド出版という出版形態もあります。オンデマンド出版は、受注生産で行われ注文が入る毎に1冊ずつ印刷されます。また、書店に流通することはなく、Amazonのみでの販売です。

今紹介した3つの出版形態は、どれも自分でお金を負担して出版するもの。自分でお金を負担して出版することはダメというわけではありませんが、ブランディングという観点から出版を捉えるならば、やはり第三者からの認定があることが重要です。第三者から認定があり、きちんと編集者が介在して書籍が作られることで信用や信頼が得られるわけです。そしてその得られた信用や信頼によってビジネスが加速していくわけですから、いずれにしてもこの3つの出版形態では、ビジネスを加速させることは難しいといえるでしょう。

一見、商業出版の出版社なのに…

一見すると商業出版のように見えるけれど、実は著者側に費用を負担させる方針の出版社もあります。ケースとしては、次のようなものがあります。

・印税がもらえないケース

書籍が売れないと、出版社は赤字になります。そのリスクをできるだけ最小限にするため、印税の支払いを少なくすることでカバーしようとする出版社は少なくありません。

これまでの出版印税は、初版10％が平均的でした。しかし現在は、出版不況の影響によって印税率は下がりつつあります。それでも平均は8％。大体6％から10％の間に収まるのが最近の一般的な傾向です（もちろん、著者の知名度などによって変わります）。

でも近頃は、その印税が、1～2％という出版社も出てきました。他にも、初版の印税を0％にし、増刷印税を10％と設定するケース、あるいは実売印税といって、印刷した分の印税ではなく、実際に売れた分だけの印税を支払うというケースもあります。

書籍がなかなか売れないという現実があるので、少しでもリスクを抑えるために印税の支払いを少なくしたいという出版社側の意向も理解できます。しかしながら、印税を削ることで出版することのリスクを抑えようとする考え方をしてしまうと、刊行後にしっかり販促する意欲が湧きませんよね。そう考えると、その出版社が皆さんの書籍を頑張って売ろうとしてくれるのか、少し疑問が生じてしまいます。

・費用負担を迫られるケース

商業出版の体裁はありながらも、制作コストを著者側が負担することで出版させてもらえる出版社もあります。誰がみても商業出版にしか見えないので、対外的にはいいのかも知れませんが、事情を知る人間が見ればすぐにわかります。

・買い取りを強要されるケース

他には、買い取りを条件に出版させてくれる出版社というのもあります。表向きには商業出版に見えますが、先ほどと同じく出版業界では、そのような方針をとっている出版社は既に知られています。

著者の買い取りが条件ですから、初版の部数も少なめで1000部くらい。初版1000部というと、一体どのくらいの書店に置いてもらえるのでしょうか？　というくらい少ないものです。

書店に置かれない書籍を出版しても、果たしてビジネスが加速するでしょうか。ビジネスの戦略のひとつとして出版を選ぶのであれば、たくさんの書店に置いてもらい、できるだけ多くの読者の手に取ってもらうことを考えるべきでしょう。

SECTION 02

あなたの書籍を出版してくれる出版社を選ぶ

出版社の知名度によるメリット・デメリット

出版企画書が出来上がってきたら、次は出版社に売り込みに行くことを考えましょう。

「出版してもらえるなら、どこでもいい」と思われるかもしれませんが、その考え方はオススメできません。また、「せっかく出版するのだから、少しでも大きな出版社から出版してハクをつけたい」と考える人もいます。そう考えたくなるのもわかりますが、私は、必ずしも大きな出版社から出版させてもらうことが正解だとは思いません。

それはなぜでしょうか。理由は、出版社における書籍の発刊点数が関係しています。

知名度のある大きい出版社というのは、書店に対する影響力が大きく、平積みにしやすく展開してもらいやすいというメリットはあります。しかしながら、出版社の規模が大きければ大きいほど、毎月の発刊点数も多くなります。

ということは当然、注力商品とそうでないものがあるわけです。注力商品とは出版社からそれなりに「売れるだろう」と期待され販促に力を入れる書籍のことです。ですから、販促にかけるコストやリソースも注力商品の方へと流れていきます。

一方、それほど規模の大きくない出版社は、毎月の発刊点数は少ないものの、1冊1冊に対してきちんと販促のリソースを割いてくれようとします。著者としてまだ無名のあなたの書籍がどのように扱われるかを考えると、一概に大きな出版社の方が良

出版社の知名度があればいいわけではない

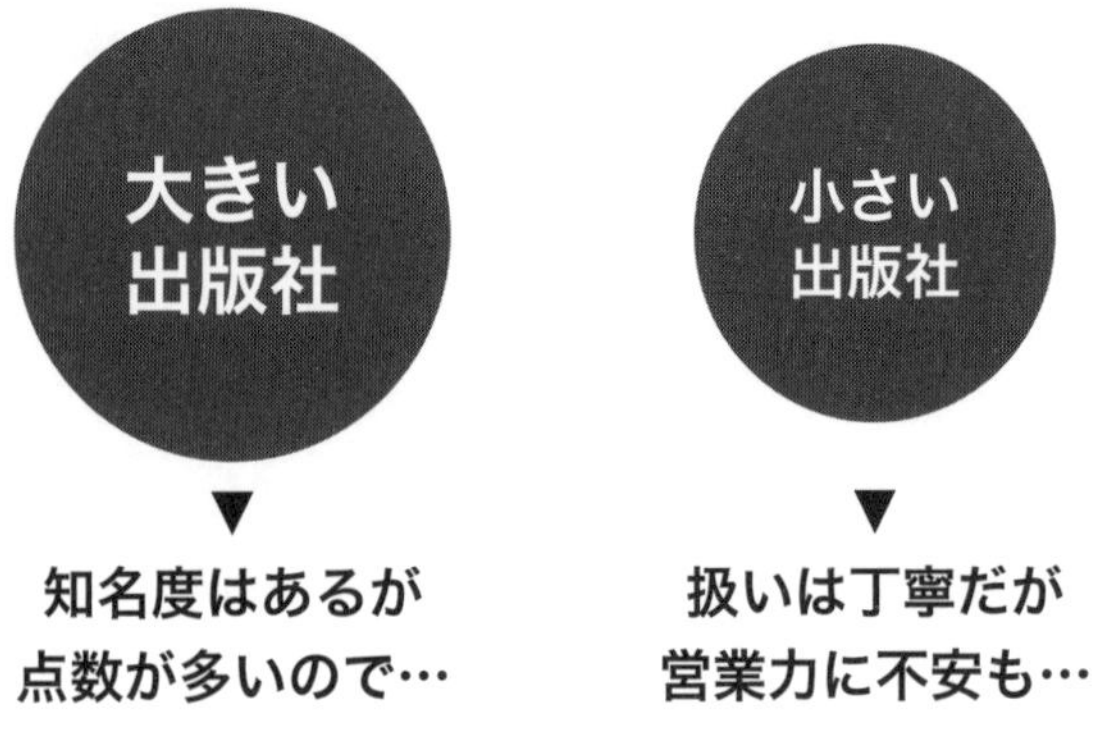
大きい出版社
知名度はあるが点数が多いので…
小さい出版社
扱いは丁寧だが営業力に不安も…

いとはいえないのかな、と私は考えます。

自分の出版企画のテーマと切り口で考える

出版社を選ぶときは、あなたの出版企画のテーマから考える方法があります。

例えば一般書であれば有名な出版社がいくつかありますし、主婦向けのレシピ本やクラフトフト系のテーマが得意な出版社もあります。私はパソコン書の編集を得意としていますが、やはりパソコン書に強い出版社というのは何社かあります。

他には、企画のテーマだけでなく切り口で出版社を選ぶこともできます。

書店へ行ってもらえるとよくわかるのですが、例えば投資関係の書籍であれば、投資の書籍をよく出版している出版社がいくつかあります。でも、みな同じような切り口で書籍を作っているわけではなくて、それぞれ独自の切り口で書籍を作っています。その切り口は、出版社のカラーです。例えば、「ゼロから学ぶ○○」のように、投資に関する知識習得をメインにする出版社もあれば、「ほったらかしで月○○円」のように、ハイリスクハイリターンの胡散臭さを意図的に醸す出版社もあります。

ここで言いたいのは、同じテーマであっても切り口次第で、手に取る人の傾向が変わるという点です。これを間違えてしまうと、自分に合わないお客さんを誘導することになりかねません。

SECTION 03

出版社にアプローチして出版企画を売り込む

出版企画の売り込みを誰かに頼んでみる

出版企画書が書け、売り込みたい出版社を決めることができたら、次はいよいよ出版企画書を売り込むという段階になります。

ただ、一般の人がいきなり出版社に売り込むのはなかなかハードルが高いです。そこでオススメなのが、自分の企画書の売り込みを誰かに依頼する方法です。もともと閉鎖的な業界でもある出版業界で話を通したいと思ったら、知人の紹介などで話を進めるのが最もスムーズです。

例えば、あなたの知り合いに著者がいれば、その人に頼んで編集者とつないでもらうのが良いでしょう。すでに書籍を出版している人であれば、必ず編集者と一緒に仕事をしているはずですし、そこに信頼関係ができているはず。信頼関係ができている人からの紹介なので、少なくとも企画書に目を通すことくらいはしてもらえるというわけです。事実、1章の事例で紹介した著者の中には、著者からの推薦で出版のチャンスを掴み取っています。

ただし、著者であれば誰でもいいわけではありません。その著者の書籍が売れていることが大事です。少なくとも一度以上は増刷していた方が良いです。

知り合いに著者がいない場合は、出版プロデューサーに依頼する方法もあります。私も出版プロデューサーではありますが、みなさんそれぞれ得意不得意なジャンルがありますから、あなたの企画のジャンルに強そうな人を選ぶと良いです。ただ、出版プロデューサーを頼る場合は注意も必要です。中には悪徳な人もいて、出版社に売り込む代わりに高額なお金を請求する人もいます。

出版プロデューサーを頼る以外には、編集プロダクションに売り込むと、チャンスを掴めることがあります。編集プロダクションは、広告物の制作を行うこともありますが、出版社の下請けとして書籍や雑誌を制作しています。彼らは出版社に対して常に企画をプレゼンしていますから、編集プロダクションの人の目にとまれば、自分の企画を代わりに売り込んでくれる可能性があります。

編集プロダクションから提案した企画が出版社で採用されれば、編集プロダクションは出版社から制作費をもらうことができますし、自分たちの売り上げにつながります。ですから、あなたの企画に対しても親身になってアドバイスしてくれたり、売り込みをしてくれたりする可能性が高いです。

自分で出版社に売り込むための２つの戦略

人を頼ってばかりではなく、自分の力で企画を売り込みたいという人もいるでしょう。自分で出版社に売り込むには、２つの戦略があります。ひとつは「攻めの営業」、もうひとつは「守りの営業」です。

「攻めの営業」とは、あなたから出版社に対して「この企画書を見ていただけませんか」とお願いする営業のことです。「攻めの営業」の良いところは、編集者が「〇月〇日の会議で出してみます」などと、見通しを教えてもらえることです。企画が通ったかどうかの判断がつきやすいので、ダメだった時に次を考えるタイミングが分かりやすいのです。

一方「守りの営業」は、あなたがお願いされる側になります。つまり、出版社から「うちで出版してください」と言われる立場になるということです。お願いされる立場になるのですから、当然こちらに主導権があります。ただ、欠点は「攻めの営業」と違って、いつ出版のオファーをいただけるのかわからないところです。待っていたらすぐチャンスがやってくる可能性もありますが、一生こないことだって十分あり得ます。

どちらが良いというわけではありませんが、私はどちらも行っておくと良いと考えています。

攻めの営業は、編集者といかに知り合うか

ここでは、「攻めの営業」として具体的に何をすれば良いのかを説明していきます。

「攻めの営業」のポイントは、いかにして書籍の編集者と知り合うかというところです。

書籍の編集者と知り合う方法としては、大きく分けて3つあります。

ひとつ目は知り合いの著者や出版業界に知り合いのいる友人から紹介してもらう方法。ふたつ目は、編集者がいそうなイベントに参加する方法。そして最後は、出版社の編集者に直接売り込む方法です。

出版社の編集者と知り合うのは難しくても、フリライターやフリーエディター、あるいはフリーデザイナーとして仕事をしている人たちの中には、出版社の人たちとの繋がりを持っている人もいます。ですから、編集者の友人・知人はいなくても、フリーライターをやっている人を知っているというのでしたら、そこから声をかけてみると、きっかけが掴めることもあります。

次に、編集者がいそうなイベントに参加する方法です。編集者がいそうなイベントとしては、出版記念パーティーや著者主催の飲み会です。出版記念パーティーであれば、パーティーの中で編集者のことを紹介するでしょうから、名刺交換などをしておくと接点を作れます。著者主催の飲み会も同様、ときどき編集者が呼ばれていることがありますから、気になる著者がいれば、飲み会情報などをチェックして見てください。

ただこの時、編集者との接点の作り方が重要です。企画を見てもらうことだけが前面に出ていると、当然編集者から嫌われます。いくら編集者とはいえ、自分という人間に興味があるのではなく、自分の繋がりを利用して出版したいのだとわかると、途端に嫌気がさしてくるというもの。あくまでも人とのつながりを大切にし、関係を育てていけるように心がけてみてください。

ハードルが高そうだけど、案外あっさり話ができてしまうのは、直接売り込む方法です。門前払いされてしまいそうですが、そんなこともありません。

一度企画を送ってくださいと言ってもらえたり、企画書を見せてくださいとアポが取れたりすることがあります。ただ、大きな出版社だと、受付から書籍の編集部に繋がるまでにひと苦労です。でも小さな出版社であれば、比較的スムーズに書籍の編集部に繋がる可能性があります。

編集者と言っても、手がける媒体は人それぞれです。書籍の編集者もいれば、雑誌やフリーペーパーの編集者もいます。最近だと、Ｗｅｂメディアの編集者もいます。どの人も名刺の肩書きは編集者であることを理解しておきましょう。

出版を目指すあなたが知り合うべきは、出版社に勤めている編集者もしくは、書籍を手掛けている編集者です。一度も書籍を手掛けていない編集者やＷｅｂメディアでしか編集経験のない人といくら知り合っても、企画書を売り込んでもらえることはないでしょう。人脈を増やすという意味ではさまざまな人と知り合うのは良いことですが、あくまで企画を売り込むという目的を考えると、編集者がどのような仕事をしているのかも知っておくと良いでしょう。

守りの営業は、ネットでの露出を増やして質と量

守りの営業は、出版社の人から声をかけてもらう営業のことでしたよね。でも、どのようにしたら出版社の人から出版のオファーをしてもらえるのか、なかなかわから

ないという人の方が多いのではないでしょうか。
　出版社の人から出版のオファーをもらうには、まず出版社の人から見つけてもらい、評価してもらい、オファーをしてもらうという三段階が必要です。

　まずは見つけてもらうことが必要ですが、見つけてもらうにはネットでどんどん露出していくのが良いでしょう。中でも絶対にやった方が良いのは、ＳＥＯ対策です。

　編集者は、自分で企画を考え、考えた後でその企画にふさわしい著者を探します。著者探しは、知人の中から探すこともあり

守りの営業はネットでの露出を増やして質と量

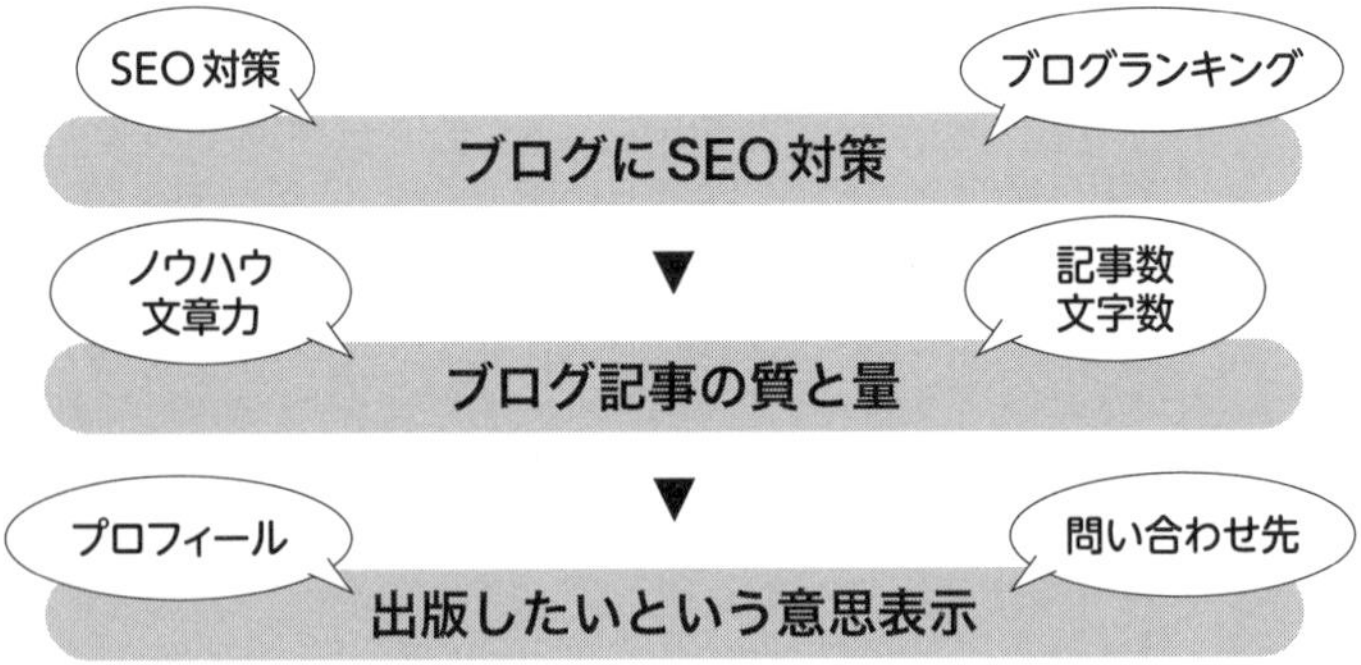

ますが、なかなか見つからない場合は、ネットで検索して探します。ですからこの時に、専門家としてあなたのブログやホームページが上位表示されていて、尚且つコンテンツもしっかりしたものがあれば、オファーしてもらえる確率が高くなるというわけです。

SEO対策では、サイトのタイトルに自分の企画のジャンルと、そのジャンルの専門家であることを表すようなキーワードを入れておくことが大事です。SEO対策といっても、何も1位を狙う必要はありません。大体2ページくらいまでは、いろいろなサイトをチェックしますから、そのくらいまでに入っていれば良いでしょう。

また、ブログランキングなどもチェックします。アクセスの多いブログは、人気が高い証拠ですから、その読者の何割かは書籍を購入してくれるだろうと予想を立てるわけです。有名なブログランキングは、登録しておくことをオススメします。

図には、ブログ記事の質と量という書き方をしましたが、質とはそのノウハウの面白さや新しさなどのことです。斬新で「なるほど」と思えるようなノウハウが書かれていれば、編集者も興味を持ちます。

あとは、ブログの記事数やその文章力も大切です。あまりに記事数がなければ、書籍になるようなコンテンツが不足しているように感じますし、文章力がなければ、原稿執筆に苦労しそうだと思われます。なにも作家のような筆力は求められていませんが、ある程度、文章として成立している人の方が、よりオファーしたくなります。

最後に、あなたが出版したいという意思があるかどうかも伝えておくと、よりオファーされやすくなります。出版したいという意思表示とはどういうことかというと、サイトのお問い合わせのところに、「原稿執筆依頼はこちら」などと、メディア向けの窓口を用意しておくことです。メディアで活動する意思表示がされていれば、まったく何もない人よりも、オファーがしやすいのです。

SECTION 04

編集者を味方につけるための付き合い方

ここぞとばかりにガツガツすると嫌われる

何らかのきっかけで編集者と接点ができたからといって、ここぞとばかりに売り込もうとすると嫌われます。ここでは、編集者を味方につけるための付き合い方について説明していきましょう。

書籍の編集者と知った途端、グイグイ迫るように自分のことをアピールされる人もいますが、あからさまにそういうことをされれば、誰だって嫌な気持ちになると思います。おべっかや媚売りも逆効果です。

編集者という人たちは、一般の人たちよりも人付き合いにおいて苦い経験をしがちです。それは、自分のバックに出版があるせいもあります。ですから、初対面の人との付き合いにおいては、人一倍慎重なのです。（もちろん、そうじゃない人もいます。

あくまで傾向です）

次に大切なことは、あなたの素直さです。

編集者と仲良くなり企画の話もできるようになった時は、素直に編集者のアドバイスを聞き、もらったアドバイスに対して言い訳せず受け入れることも大事です。

編集者に出版のことを尋ねると、親切に答えてくれる人も多いです。自分の立てた企画に対して、企画がより通りやすくなるようにアドバイスをくれる人だっています。それなのに、「でも」や「だって」などと言い訳されたら、良い気分にはなれません。編集者は、出版についてよく知っている立場で話すわけです。ある意味、出版の専門家からアドバイスをもらっているにもかかわらず、その相手に対して「そう言うけれど、現実は違うんです」と説き伏せようとしても意味がありません。

それに、せっかくアドバイスしている編集者も、面倒になってしまいますよね。アドバイスを聞いて、それを素直に聞き入れて、どんどん企画書をブラッシュアップしていきましょう。それを積み重ねることで、最後は編集者自身も納得する企画書が出来上がるはず。そこまでくれば、流石にその編集者も企画書を通さないわけにもいかなくなりますしね。

編集者に媚びずに喜んでもらうことを考える

編集者がされて嫌がることをお伝えしましたので、今度は喜んでくれそうなことは何かをお伝えします。編集者が喜びそうなことは、次のような3つです。

・ネタの面白さで編集者の興味をひく

いきなり自分の企画の内容をアピールすると、編集者から引かれてしまいます。でも、編集者というのは根本的に好奇心が旺盛で面白いものが大好き。新しいことなど、なかなか聞いたことがない話も大好きです。ですから、企画の具体的な内容よりも、あなたの仕事の内容や得意なジャンルの話題など、雑談から話を始めて、相手に興味を持ってもらう方が良いでしょう。面白ければ、「出版しましょうよ！」と言ってもらえることもあります。出版の企画は雑談から生まれることもたくさんあるのです。

・自分の知名度で販売力をアピールする

自分のことを紹介する際、自分の知名度や販売力をアピールするのも良いでしょう。例えば、Twitterや Instagramのフォロワー数、ブログの読者数などです。編集者に対して、直接的に出版したいことをアピールしても、抵抗感を持たれてしまうだけですから、そういうことはせずに、自分のことを話すついでに、拡散力あるいは販売力があることをさりげなくアピールする程度が丁度良いです。

・その出版社の書籍を題材に話をする

自分のことだけでなく、相手の編集者が勤める出版社から出版されている書籍を話題にするのも良いです。

その編集者が、話題にした書籍を手掛けていなかったとしても構いません。他人から、自分の家族や友人などを褒められると嬉しくなるものですが、感覚としてはそれに似ています。本好きじゃないことを公言する編集者も中にはいますが、大抵の人が根っからの本好きです。その編集者が手掛けた書籍のことをいろいろと聞いてみると、企画の切り口や出版の方法など、さまざまなヒントが得られることもあります。

CHAPTER

05

ビジネスが加速する書籍の原稿の書き方

SECTION 01

書籍の原稿には書き方がある

原稿はいきなり最初から書き始めると失敗する

原稿は、いきなり最初から書こうとすると失敗します。

これまでに何人もの著者の原稿を見てきましたが、いきなり最初から書き始める人ほど、途中で挫折しています。原稿の書き始めは、やはりモチベーションも高まっていますし、読者に伝えたいこともたくさん頭の中に浮かんでくるので、一時的に筆が走ります。なんとなくその勢いで最後まで書けてしまうのではと思っていますが、書籍の原稿は大体10万字。最後までそのペースを維持して書き続けることは、まずあり得ないでしょう。

多くの人の傾向として、前半ほどたくさんの情報があり、後半が尻つぼみになっていきます。段々と書くことが尽きてくるのか、読めば読むほど、薄い内容になっていく原稿が多いです。

また、同じ話が繰り返されるようなことも起こりがちです。10万字という大量の文字をたった1日で書ける人はいません。ということは、何日にも分けて原稿を書くわけです。例えば、今日は1章を書き、明日は2章、次の週には3章を書く……。という感じです。多くの著者が、自分の本業をしながら書籍の原稿を執筆していますから、執筆そのものに取り掛かれる時間が限られているのですね。

そうして長い時間をかけて原稿を書いていると、数日前に自分が何を書いたのかを忘れてしまいます。忘れたまま、また原稿の続きを書こうとしますから、同じ話が何度も繰り返されるようなことが起きてくるというわけです。

思いついたままを書くことで、話がどんどん逸れていく人も多いです。ゴールを見定めずに思いのまま書いてしまうので、どこへ向かって話を進めていいのかわからないのです。思いついたまま書くという事に対し、感性が豊かで良いなどと感じる人もいるかもしれませんが、実用書は気ままに綴るブログではありません。

実用書の原稿というのは、あくまで読者の悩みや欲求を解決するために書かれるもの。ということは、自分の思いのままに書いていいわけがないのです。しかもブログとは違い、読者からお金を出してもらって提供するコンテンツです。ということは、内容にも相応の質が求められて当然です。

原稿執筆におけるさまざまな失敗を防ぐには、原稿全体を俯瞰して見る力を持つことが大切です。全体を俯瞰し、重複のないように、そして読者と約束したゴールに向かってきちんと話が流れているかを、あらかじめ設計しておく必要があります。

原稿執筆は段取りよく取り組むと意外と簡単

では、全体を俯瞰して原稿を執筆するにはどうすれば良いのでしょうか。実は、そんなに難しい話ではありません。原稿執筆に取り掛かる前にしっかりと、ある準備を行えれば、大変と思われる原稿執筆も意外とスムーズに進みます。

私自身も書籍の原稿を執筆することがありますが、大体準備に2週間くらい使います。その2週間の間にきっちり執筆のための準備を行うことで、その後の執筆作業がスムーズになります。さらに執筆はそこから2週間ほど。こうすると約1ヶ月もあれば、原稿は書けてしまいます。

では実際、どのようにして原稿執筆を行うのでしょうか。まずは、原稿執筆全体の流れについて説明しましょう。

最初にすべきことは、出版する目的を再確認することです。あなたは何のために出版し、そのためには読者に何を伝えるべきなのか。そんなことを思い出してみて欲しいです。

原稿執筆の手順

出版する目的を再確認する

▼

原稿執筆は準備が9割

▼

勢いで一気に書き上げる

▼

少し寝かしてから原稿の推敲

次に、原稿執筆の準備をします。先ほどもお伝えしましたが、原稿はいきなり書き始めてもうまくいきません。原稿を書き慣れている私自身でさえ、準備なしに原稿執筆に取り掛かったら、かなり時間がかかってしまうでしょう。

準備ができたら、一気に最後まで原稿を書き上げてしまいます。この時、途中で推敲などはしないでください。とにかく最後まで、振り向かずに書くこと。これを意識しましょう。

最後まで一気に書き上げることができたら、ここでようやく推敲作業です。書き上がってからすぐに推敲するのではなく、少し寝かしてから行うのがオススメです。頭の中がヒートアップしている時に推敲を行っても、見落としが多かったり主張に偏りがあったりするのに気付けません。一度、熱した頭を冷やすことが大事なのです。

SECTION 02

原稿執筆の準備を整える前に用意しておくこと

出版する目的を再確認し、ブレさせないようにする

原稿執筆は準備が大事だと言いましたが、その準備を始める前にやるべきことがあります。それは、出版する目的を再確認し、ブレさせないようにすることです。

・出版する目的を再確認する

企画書を作成する段階で、何のために出版するのかということは考えていただきました。

でも、企画書が完成してから実際に書籍の原稿を執筆するまでには、随分時間も経っているはずです。ここで改めて、自分が出版する目的を思い出しましょう。

あなたが出版するのは、あなたのビジネスを加速させることが目的だったはず。啓

蒙活動でもなければ、思い出作りでもないはずです。そして、出版することでビジネスを加速させるには、読者から信頼してもらうことが必要でした。

自分よがりな論理展開で、伝えるべきことを伝えないと、読者から信頼を得るどころか逆ブランディングになりかねないということもお伝えしました。「この著者は、こんなことまで教えてくれるのか！」と感動させられるような内容をしっかり伝えることによって、初めて読者からの信頼を獲得できます。そうして獲得した信頼が、あなたのビジネスを加速させます。

・コンセプトを見直そう

次に、企画書のコンセプトを見直してみてください。

企画書を作成する段階で、出版の目的やコンセプトはしっかり決めたと思いますが、時間が経っているせいで忘れてしまっていることもあるはずです。それだけでなく、企画書を作成してから、編集者の人と話し合いで決まったこともあるでしょうし、当初考えていたことから、変更が生じた部分もあるはずです。ですから、コンセプトを見直してみて、誰に何を、どのような順番で伝え、読後にどのような感情になってもらうように書けば良いのか。そこがブレないように定めてください。

・「はじめに」を完成させよう

出版の目的とコンセプトを見直すことができたら、再びあなたには、いよいよ出版するんだという意欲が湧き上がってきているはず。読者に伝えたいことが次々と浮かび、ワクワクしている人もいるはずです。振り返れば、この出版というステージにたどり着くまでには、さまざまな苦労をされてきたかもしれません。おそらくあなたの中には、さまざまな感情が入り交じっていることでしょう。今のあなたは、情熱とモチベーションが最も高まっている時です。

その情熱やモチベーションが冷めてしまわないうちに、最初に「はじめに」を完成させてください。「書籍の指針は「はじめに」にあり！」です。

SECTION 03

原稿執筆はいきなり書き始めずにしっかり準備する

原稿執筆に取り掛かる前にしっかり準備

原稿の執筆準備の流れは、次の図にあるように、3ステップで行います。

最初にやることは、今回の書籍で伝えたいことをまずはひたすら書き出してみることです。どんなことでも良いですし、書く順番も気にしなくて構いません。A4のコピー用紙などでも構いませんから、余計なことは考えずに、書籍の中に入れた方が良いと思う情報を次々に出していきます。

次に、先ほど出した情報をグルーピングしていきます。

同じカテゴリもしくは、同じトピックの中で話せそうなもの同士をまとめていきます。そうしてまとめたものには、何かのテーマなどを与え、カテゴライズしていきます。この作業は、書籍でいう「章」を作っていく作業です。一般的に書籍は、6章立てでできていますから、6つくらいに大きくグルーピングできていれば良いでしょう。グルーピングができたら、それぞれのグループの中で階層を作り、順序立てて流れを作ってみてください。

ここで、書籍の構成について説明しておきます。構成案については、本書の3章でも図を用いて説明しましたが、復習としてもう一度説明します。

書籍の構成には、章、節、項というもの

原稿執筆前の準備の流れ

書くべきことを書き出す

▼

グルーピングしてカテゴライズ

▼

階層化と順序立てで流れを作る

▼

俯瞰して、流れや重複などを精査する

があります。「章」というのは、先ほどカテゴライズした大きなテーマであり、小さなトピックの集合体を示すものです。次に「節」とは、あなたが書き出したもの。そして「項」とは、節の内容を具体的に説明するための見出しです。

ひと通り書き出した箇条書きのものの内容を精査しながら、それぞれの「章」となるテーマの中に分類し、どのような順番で伝えるのか階層化してみてください。

そうしてできたら、全体を俯瞰してみて、全体としての流れがスムーズになっているか。あるいは重複がないかどうかを精査します。

書籍に書きたいこと、書くべきことを精査する

それでは、具体的にそれぞれの手順を詳しく説明していきます。まずは、書くべきことを書き出すというところです。ここでのポイントは、次の3つです。

・自分が書きたいことを書き出す

まずは自分が書籍を通して読者に伝えたい、あるいは伝えなければならないと感じ

ることを書き出してください。とにかく思いついたものをひたすら書き出し、箇条書きにしてください。この段階では、あまり深く考えずに、思いついたことをどんどん書くことが大事ですから、通勤途中やお風呂に入っている時、料理を作っている時など、突然ふと浮かぶこともあります。その瞬間を見逃さないようにしてください。思いついたらすぐにメモできるように、いつもメモ帳を持っておくと良いでしょう。スマホのメモ機能も良いですが、手書きの方がアイディアが浮かぶという人もいます。

・類書の内容もチェック

ひととおり書き出したと思えたら、次は類書の内容をチェックしてください。企画書を作成する時には、類書の分析をしたと思いますが、もう一度確認します。

ここで類書をどのように使うかというと、自分の書き出した内容の不足を補っていくためです。類書に載っているのに自分の書籍に載っていない情報があるということは、自分の書籍の方に不足があるということです。もちろん何でもかんでも掲載すれば良いというわけではありませんが、全部自分の中から出し切ったと思っていても、忘れていることがあったりもします。

新しく刊行されるあなたの書籍は、後出しジャンケンと同じで、類書に比べ自分の書籍の方が劣っているわけにはいきません。

ここで注意していただきたいことは、類書の内容をそのまま書くわけではないということ。あくまでも類書を参考にするのは、不足している話題、書くべきなのに出されていない話題がないかどうかを調べ、あればその話題を補うために類書を活用するのです。

・アンケートやネットの情報もチェック

あなたが過去にセミナーを実施され、そこでとったアンケートがあるのなら、そこに書かれた参加者の声も参考にしてみましょう。セミナーの参加者は、あなたの書籍の読者と最も近い人たちだといえます。ですから、その参加者の声を書籍の内容として反映させることは、読者のニーズに応えることにもつながります。

また、ネットの情報もチェックしてみてください。もしかしたら最新の情報が変わっていたり、新しい話題が出てきていたりすることもあります。情報の鮮度でいえば、書籍よりもネットの情報の方が新しい情報にふれられます。ですから、書籍に入れた方が良さそうなことがもしあるのなら、それも書き出しておいてください。

書き出したものをグルーピングしてカテゴライズ

ひととおり箇条書きで書き出してもらったものを、今度はグルーピングしてカテゴライズしていきましょう。今あなたの手元には、ただひたすら書き出した情報だけがたくさんある状態です。

まずは全体を仕分け、同じ種類のものを集めます。同じ種類のもの同士を集めたら、次は分類した上で、カテゴライズしていきます。

書き出しただけの情報をどのように整理していくのか。続いては、その方法を説明していきます。

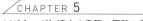

・一緒に説明した方が良いものをまとめる

まずは、書き出してもらったものの中から、一緒にした方が良い話題をまとめてみましょう。「これはここで話した方がいいだろう」や「この話題はこのテーマの中で話そう」というふうに、同じ話題同士で整理していきます。

・ジャンルやタイミングで括ってみる

次に、グルーピングしたものをカテゴライズしていきます。カテゴライズするときの方法は、ジャンルを細分化して括る方法（並列）と、タイミング（直列）で括る方法があります。ジャンルやタイミングで括るとは、どういうことでしょうか。

ネット集客しようとした時、Facebookで集客、アメブロで集客、ツイッターで集客という内容が入ってくると思います。この3つの話題はどんな順番で話されても読者にとってとくに問題はありません。関係ないので、どの順番にしてもよいというのが並列の考え方です。

次にタイミング（直列）というのは、そのテーマを行う手順や時系列のことです。例えば本書でいえば、出版してビジネスを加速する方法というテーマです。このテーマについて説明するためには、まずは出版の全体像を知ってもらい、次に企画書の考え方を説明し、企画書の書き方を説明するというような手順に沿って説明する必要があります。つまり直列というのは、そのテーマを実践するための手順ということです。

・重複しているものを消していく

グルーピングしてカテゴライズできたら、次は各カテゴリの中において重複するものがないかどうかをチェックしていきましょう。同じことをもしくは似ていることを言っている情報があれば、どちらかにするなどしてスリムにしていきます。

さらに階層化と順序立てをして流れを作る

書き出した情報を整理し、きれいにカテゴライズできたら、次にすべきことは階層化と順序立て、そして全体の流れを作ることです。

まずは、カテゴリ単位で考え、全体としてどのような順番で伝えたらいいかを考えましょう。この時、なるべく企画書の構成案に揃えるのがベストです。出版社と話をして決めた企画書と、構成は多少ずれても良いのですが、全体の趣旨が変わらないように注意してください。

次に、カテゴリの中のものを階層化して、節や項を決めます。

この時、節や項を決めるためのヒントとしては、話題の大きさが大事です。これ以上細かくできない話題があれば、それは最小トピックである項としてふさわしい話題でしょうし、話題として伝えるべきことがたくさんありそうなものは、節としてふさわしい話題だと考えられます。

節や項まで決めることができたら、次はそれらをどのような順番で話をしたら良いのかを決めてください。書籍全体の話の組み立ては、まず章ごとに組み立て、その後

エクセルで階層化と順序立てを整理する

章	章	節	項	言いたいこと
	3つのランディングページがあなたのビジネスを最大化させる	インターネットビジネスで売上を上げるために必要な要素	インターネットビジネスとは	検索エンジンで検索し、情報を入手。欲しいもの、探しているものを見つけ購入または申し込みをする。検索される数が多いキーワードはニーズが多いことを意味し、売上も増える。数が多い人気キーワードでアクセスされると売上を上げる機会が増える。ただし人気のキーワードや一般化したビジネスは競合が多く、比較されやすいためにネットショップを作るだけで売上が上がった時代ではない。
		アクセスを集めることよりもCVRを上げる	インターネットビジネスで売上を上げるための公式	インターネットでビジネスをやる上で欠かせない公式がある。売上＝アクセス＊CVR＊単価。これを使えば売上予測も可能。
			早く売上を上げるためにはCVRを上げることが重要	大規模なメディアやネットショップとは違い、小さな会社や個人事業主では早く売上を作らないといけない。その際にはアクセスを増やすよりCVRを高める方が大事。
			CVRが上がればビジネスに与える影響が大きい	CVRが上がれば、今までと同じアクセスだとしても売上は大きく伸びる。
		CVRを上げるためにはランディングページが重要	ランディングページとは	広義的には訪問者が最初に閲覧したWebページを指すが、狭義的には目標を達成するために作られた、必要な情報が凝縮された1ページを意味します。一般的には縦長で画像が多く、売り込みが強いwebページが想像される。
			ランディングページの内容でCVRが大きく変わる	ランディングページっぽいものをとりあえず作れば売れるわけではない、内容が重要。目標を達成する、売上を上げるためにはどのような訴求が効果があるのか？を徹底的に考えられたマーケティングの結晶。長ければいいというものでもない。
			ユーザーがアクセスしてきた際の感情、気持ちを読み取る	ターゲットがアクセスしてきた感情、考えを考慮すると反応が高い。人が何かを欲している時には必ず理由や背景がある。それらが影響していろんな感情や考えが生まれている以上、売り手側の伝えたいことだけを伝えるのは逆効果。
			情報量よりもターゲットが読み飽きない論理展開	必要な情報が凝縮させようとすると、どうしても文章量は増えがち。文章の量が多ければターゲットの負担が増え集中力が低下し、離脱しやすくなり機会損失を生む。情報をたくさん伝えようとしたり、綺麗な文章を書こうとするよりも、淀みなくターゲットの気持ちに沿った論理展開が重要
			CVRを上げるためにはユーザーの背中を押してあげること	過度や無理やりな売り込みは嫌われる。あくまでも決断はターゲットに任せる。良い情報を提供する第三者として伝える
			ランディングページは相手への思いやりと気遣いが必要	ランディングページはターゲットが知りたいことを先回りして答えることが大事。自分が言いたいこと、伝えたいことを書くのではない。あくまでも相手が知りたいことをわかりやすく伝えないと反応してくれない。相手への思いやり、気遣いを忘れずに。
		売れるランディングページには設計から分析までの流れが大事	売上を上げるためには設計→作成→運用（広告）→分析のサイクル	LPを設計→作成→運用（広告）→分析が大事。作って終わりではなく、最初にしっかりと戦略を練り、誰にどんな風に訴求するのか（設定）→論理展開を考案、文章化、デザイン、コーディング（作成）→LPに呼び込むWeb広告を設定（運用）→Google Analyticsで現状を把握、ボトルネックを解消する（分析）サイクルが必須。
		買い手の3つの動機に合わせたランディングページの活用方法	CVRを上げるにはターゲット設定が重要	CVRはどのように上げられるのか？ターゲットの見定め方が大事。同じ商品でも気持ちや環境でターゲットが大きく変わるから。
			どんなターゲットに売れるのか？	問題を解決したい人・欲求を満たしたい人・そもそも必要性に気づいていない人の3つのターゲットがいる。
			買い手の3つの動機を活用してCVRを上げよう	3つのターゲットそれぞれが欲しがっている情報があり、その情報を適切に各々に提供すればCVRは上がる

エクセルで整理をすると簡単にできます。A列は章番号、B列を章、C列を節、D列を見出し、E列でそこに書きたいことを入力していきます。

に節を組み立てるようにします。

章の役割は、書籍の大きな流れを作ることです。そして節は、章と章をつなぎます。例えば1章から2章へ話をつないでいくための節は、どういった順番にすれば、話が流れていくのかを考えてみてください。

俯瞰してみて、流れや重複などをチェックする

そろそろ、くどいと感じる人も出てきているかもしれませんが、ここまでできたらやはり大切なのは俯瞰的な視点です。出来上がった話の流れやそれぞれの章の階層を確認してみて、流れに違和感がないか。あるいは重複している箇所がないかどうかをチェックしてください。

私が再三、「俯瞰して欲しい」とか「全体としての流れを考えて欲しい」というのには、やはりそれなりに訳があります。それは、あなたが今作ろうとしているものが、「書籍」だからです。書籍というのは、1冊全体でその価値を問われます。というのも、

やはり実用書という存在は、どこまでいっても読者の欲求や悩みに応えるものであるからです。

書籍1冊をあっという間に読んでしまう人も世の中にはいますが、実用書の場合は、ある種手引書とも言えるわけですから、あっという間に読み切るようなものではありません。

中には、書籍を片手に、実際の作業を行う人もいます。つまり、あなたは著者として、書籍の内容を通じて読者に伴走するわけです。

最後までできるようにしてくれると約束したにも関わらず、途中でいい加減になったり、投げ出してしまったりするような人を信頼したいとは思いません。あなただって、自分が悩みを解決するために誰かを頼る際、ムラがあり、いい加減な人に頼みたいとは思わないはずです。最初から最後まで、バランスよく情報を提供してくれ、当初約束したところまで導いてくれる人に頼みたいと思いますよね。

だからこそ、俯瞰力が大事。

読者がつまずくところがあってはいけませんし、何度も同じことを繰り返し言われては、ガッカリもします。各章がまったく同じボリュームなるようにしなくてもいいのですが、バランスは大事です。その上で、読者を置き去りにしないように話を組み立てていくのです。

チェックするときは、階層ごとにチェックしてください。もしここで、不足している情報を見つけたり、重複しているところを見つけたりしたら、その都度修正してください。その際に、章タイトルは章タイトル、節タイトルは節タイトルなどと、統一感が出るように見出しを考えることもしてみましょう。

SECTION 04

編集者だけが知っている原稿を書くためのコツ

原稿はとにかく勢いで一気に書き上げる

次はいよいよ、原稿を書いていきます。

ここまであなたはしっかり原稿を書くための準備をしてきました。出版の目的を再確認し、企画のコンセプトを見直し、丁寧に階層づくりも行ってきたはず。ですから、ここまでこれたあなたなら、すんなりと原稿を書き進めることができるはずです。書籍の原稿は、たった1日で出来上がるようなものではありません。何日かに分けて、少しずつ積み上げていくものだということはすでにお伝えしたとおりです。

書籍の原稿執筆は、長距離走のようなもの。勢いよくスタートしたところで、中盤で疲れ切ってしまいますし、残りを書ききる体力も無くなってしまいます。また、ひとつひとつの表現を吟味しながら書いていると、いつまでたっても終わりません。なかなか終わりが見えないので、やはり疲れてしまって期日までに終わらせられないのです。

とくに書籍の原稿を執筆するときは、ペース配分を間違えてダウンしないよう、まずはゴールを目指して一気に書くことが大事です。途中で気になる表現があっても、一旦は無視してもらって構いません。気になるところはメモをするなど後から思い出せるようにしておき、とにかく最後まで走りきってください。表現をどうするか、あるいはこの事実の整合性は？ といった確認は、後からいくらでもできます。毎日○文字ずつ書こうと決める人もいますが、私はあまりオススメしません。なぜなら、日によって、人の体調はさまざまですし、急な予定があるなど、なかなか同じペースで執筆を進めることは困難なことが多いからです。

それから、執筆する上での著者としてのスタンスは決めておいてください。言い回しや文体などが揃っていないと格好悪いですし、自分のことを「私」と書いたり「自分」と書いたりなど、統一されていないと読者を混乱させることになります。用語統一に関しては、別紙に控えておいて、執筆する際にパソコンの側に置いておくと便利です。

原稿執筆に取り掛かる前に確認しておくべきこと

書けるときには一気に書くことをすすめますが、それでも1週間以上はかかるはずです。私たちのようなプロであっても、書籍原稿を1週間で書ききるのは大変だと感じます。それが皆さんのような、書き慣れない人であれば、時間がかかって当然です。

でも、あなたが何日もかけて1冊の書籍原稿を書いたということは読者にとっては関係のない話。読者は1冊の書籍として出来上がったそのものを手にして読むわけですから、当然最初から最後まで同じスタンスで書かれていないといけないわけです。途中で主張が変わっていたりすると、そこで読者は読むのをやめてしまいます。せっかく書いたものが最後まで読んでもらえないなんて、それほど悲しいことはありません。

読者にきちんと最後まで読んでもらえるようにするため、書き始める前には「はじめに」を読むようにしてみてください。

「はじめに」には、その書籍で伝えるべき内容あるいはあなたが読者に向けた熱い思いが書かれています。「そうだ、こういう気持ちだったんだ」と思い起こすツールとして、「はじめに」を活用しましょう。他には、あなたの身近にいる誰かひとりをあなたの書籍の読者として想定して書き進めると、わかりやすい文章が書けます。

文章力について心配される人もいますが、普通の著者に高い文章力は求められていません。何も文学作品のようなものを書く必要はないのです。とくに実用書であれば、文章力よりも求められるのは、わかりやすさ。ですから、学校で習った基本的な作文技術があれば大丈夫です。気になるところや、直した方がよいところは編集者がチェックしてくれます。

中学二年生が分かるように書くぐらいが丁度いい

実用書の原稿に、文学的な文章力は求めていませんと言いました。既にお伝えしたように、実用書に求められているのはわかりやすさですから、できるだけ読者がつまずいてしまうような表現は避け、わかりやすい表現を心がけて欲しいのです。

どのくらいわかりやすく書けばいいのか。目安としては、中学2年生が理解できるような文章であればいいと言われます。中には、大人よりも博識で難しい言葉を使う中学生もいますが、あくまでも一般的な中学2年生をイメージしてください。

書く際のポイントは、次の3つです。

・難しい単語は使わないこと

難しい単語やみんなが読めない漢字は避けて、できるだけ平易な表現を心がけてください。それから、専門用語や隠語、略語なども使わないようにします。専門書の場合は、対象者がそのテーマをある程度知っている人ですから、専門用語を使って解説しなければならないこともあるでしょう。ですが実用書の読者は一般の人たち。それも場合によっては、そのテーマの初心者であることもあります。

どうしても専門用語を使わなければならない場合は、本文中できちんと解説するなどして、とにかく読者を悩ませないようにします。

・短文構成でテンポよく書く

一文はできるだけ短くし、テンポよく読めるかどうかも大事です。

一文をとても長く書いてしまう人がときどきいますが、とても読みにくいです。読んでいる方が読みにくいだけでなく、書いている本人も途中でよくわからなくなってしまうこともあります。テンポよく読み進められる方が読者にとって負担が少ないですから、最後まで読んでもらいやすくなります。

・文末の繰り返しに注意する

文末も、毎回同じにならないように注意しましょう。ある文章の終わり方が「〜ます。」と終えられていたとします。次の文章も、その次の文章も同じように「〜ます。」と続いていると、稚拙な印象を与えてしまいます。

文章力は求められていないとはいえ、多少の工夫はあっても良いでしょう。同じ文末が繰り返されると、読者は飽きてしまいますし、著者としての見られ方にも影響します。稚拙な文章を書く著者が、自分の悩みを救ってくれるとは思えない……。そんな風に思われてしまったら、せっかく出版してもあなたのビジネスは加速しないのです。

読者を悩ます要素はなるべく排除する

1冊分の文章を最後まで飽きさせずに読み切ってもらうことは、本当に難しいことです。でも、とにかく読者には最後まで読み切ってもらわなければなりません。

もしも途中で挫折してしまったら、「この人の書いた本は、何が書いてあるのかよくわからない」とか「いいと思ったけれど、途中でやめてしまいました」なんていうレビューがAmazonについてしまうかもしれません。実際にレビューされるかどうかは別として、最後のページまできちんと読んでもらうのに大切なことは、読者を悩ませないこと。これに尽きます。

途中で悩ませ「わからない」と感じさせてしまったら、読者はすぐに書籍を閉じてしまいます。一度「わからない」と閉じられてしまった書籍が開かれることは二度とありません。わからなかったのですから、当然ですよね。ですから、読者を悩ます要素は極力排除するようにしてください。

あなたが執筆するのは実用書ですから、何かの解説をすることもあるでしょう。解説をする中で、何かを選ばないといけない時は、あなたが決めてしまってください。AとBの商品がある場合、どちらでも大丈夫ですなどと言わず、「Aを使ってください」と言い切ることが大事です。

AとBを比較して紹介することもありますが、それでも最終的にはどちらかを選択しないと、読者は迷ってしまいます。ただ、複数の選択肢を提示して、その中の1つを選ばせる場合は、必ずその選択の理由も伝えるようにしないと、「なぜそれにするの?」とまた読者に疑問を与えてしまいます。疑問を与えないという意味では、作業手順を省くこともやめましょう。あなたは少なくとも著者になれるくらいですから、そのテーマにおいては専門的な知識を持っていると思います。人はある程度知識がつくと、初心者だった頃の気持ちを忘れてしまいがち。

そうしたことから、「このくらいはわかるだろう」と作業手順を省いて説明してしまうのです。「ググればわかる」という考えは、書籍では通用しません。実用書は、「読んでわかる・できる」ことが大事なのですから、読者にググらせてはいけないのです。読者の手を止めないこと。それを意識して原稿を執筆していきましょう。

内容に説得力を持たせる文章を書くコツ

読者に疑問を持たせないためには、とことん「なんで?」をつぶしていく必要があります。自分で書きながら、「なんで?」「どうして?」と1人ツッコミを入れるくらいで丁度良いです。1人ツッコミをすることで、読者が疑問に思うだろう箇所がわかるようになりますし、その箇所を丁寧に説明するように心がければ、スッと読者の心に入っていく文章が出来上がります。

人が「なんで?」「どうして?」と疑問を抱く時は大抵、主張に対しその理由や根拠が示されていない時です。あなたがいくら「これが必要です！」と言ったとしても、なぜ必要なのかを示さなければ、読者はどう思うでしょうか？

読者からしたら、押しつけ以外の何ものでもありません。ですから、説得力のある文章を書くには必ずその理由や根拠を添えるようにしてください。

理由や根拠を示す時、著者の立場によって提示するものが変わります。

実用書における著者の立場には、専門家と実践者があるというのを覚えているでしょうか。あなたがこの2つのうち、どちらの立場から書籍を出版するのかはわかりませんが、その立場にふさわしい説得の仕方というものがあります。

実践者として書く場合は、理由や根拠として自分の事例や実績、体験、経験を示すと良いでしょう。「〜は○○です。なぜなら、私は過去に▲▲ということがあったからです」といったイメージです。一方、専門家として書く場合、理由や根拠には、関係省庁の公的資料や学術的資料を示すと、より専門家らしさが伝わります。

SECTION 05

書き終わった原稿は少し寝かしてから推敲する

原稿の推敲は3日寝かせて、3回チェック

苦労して書いた原稿執筆も、いよいよ終盤です。書き終わった勢いで「できました！」と編集者に送ってしまいたい気持ちもあるでしょうが、それはもう少しだけ我慢してください。最後まで原稿が書き終わったら、次にすべきことは推敲です。すぐに推敲しても、客観的な視点に欠けます。ですから、少なくとも2、3日は寝かしておきましょう。

原稿の推敲は、全部で3回行います。1回目は原稿の内容のチェックです。2回目は文章の細部、文末の表現や表記ゆれ、誤字脱字がないかどうかをチェックします。そして最後に仕上げのチェックです。

最初に原稿の内容のチェックをする

とにかく後ろを振り向かずにゴールを目指してひたすら書いてきた原稿ですから、おそらくたくさん直したいところが出てくるはずです。1回目の推敲の時は、読者がつまずくところはないかどうか、あるいはかゆいところまで手が届いているかどうかを重点的にチェックしてみてください。繰り返しますが、読者に疑問を抱かせるということは、そこで書籍が読まれなくなるということを意味します。最後まで読んでもらえなければ、あなたと読者の信頼関係が結ばれることはおろか、一番の目的であるビジネスを加速させることが達成されません。

その目的を達成するためにも、読者に疑問を抱かせないこと、途中で読むのをやめないような内容になっているかどうかを、冷静になって見直して欲しいのです。

また、読者のかゆいところまで手が届くとは、どういうことでしょうか。

それは、読者の気持ちになって読んだときに、きちんと隅々まで理解できるような内容になっているかどうかということです。

次の図をみてください。

読者の多くは、あなたが書籍の中で伝えたいことを何も知らない状態で書籍を手に取ります。ということは、読者は図のように道の入り口に立っているような状態です。入り口からゴールまでにはさまざまな分岐点がありますが、図の中の分岐点は、読者が陥りやすい悩みポイントを表しています。

あなたは既に専門家となっているわけですから、ゴール側からスタート地点を見つめます。ゴール側から見ると道は一本道に見えますが、実はところどころに分岐点があるのです。

この図のように、あなたが今のような専門家という立場になるまでには、あなたに

読者の目線で読んでみる

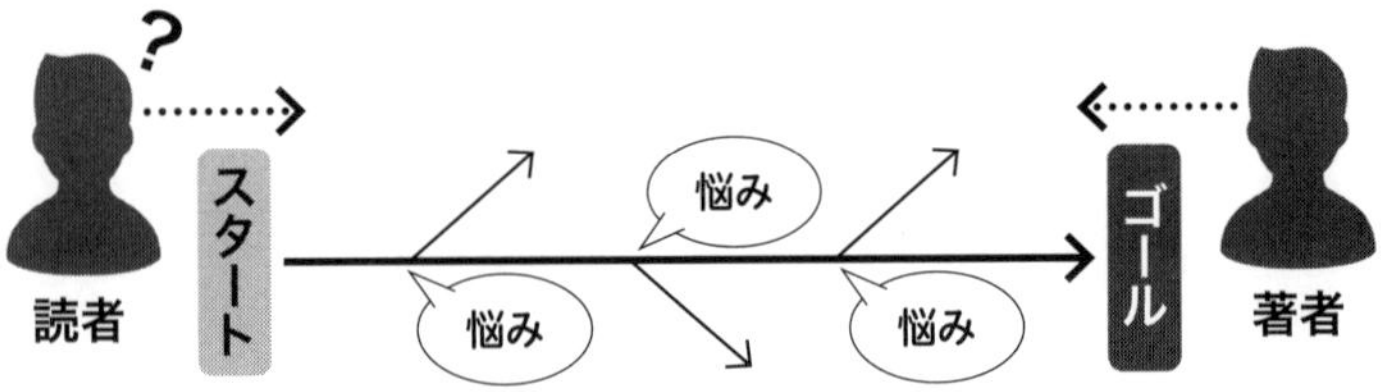

も必ず悩みがあったはず。ここでは、そのことを思い出して欲しいのです。

その道のプロあるいは専門家になると、どんなことで悩んでいたかをすっかり忘れてしまいがちです。でも、書籍で解説する時は、その悩みをきちんと思い出し、それぞれ丁寧に解説してあげる必要があります。誰ひとりとして、落ちこぼれを作らない。そんな気持ちでチェックしてみると良いでしょう。

次に文章の細部をチェックする

原稿の内容がチェックできたら、次は文章の細かいところをチェックしていきます。

ここで行うチェックは、文章を読みながらチェックするというよりも、文字の羅列をチェックするというような感覚で見ると良いです。文章を読むつもりでチェックすると、どうしても言い回しを変えたくなったり、もっと付け加えたいと思ったりしてしまいます。

それがどうしても必要なものならいいのですが、大切なことは、加えるよりも削ること。ですから、シンプルに文章の細部をチェックするようにしてください。

文章の細部をチェックするのに必要なことは、次のようなことです。チェックリストとしても使っていただけるようにしましたので、ぜひ活用してみてください。

□ 用語や送り仮名、文体は統一されていますか？
□ 誤字脱字や数字表記の揺れはありませんか？
□ 外来語や固有名詞は正しいものになっていますか？
□ 約物の使い方、太字やマーカーのルールは統一されていますか？
□ 漢字を使いすぎていませんか？
□ 代名詞が多すぎていませんか？
□ 「〜と思う」「〜だろう」が多いなど、頼りない印象がありませんか？
□ 一文一文が長くなっていませんか・
□ 口語体の文章や、ら抜き言葉がありませんか？
□ 不快な表現や行き過ぎた表現がありませんか？
□ 引用や写真などの権利関係の確認は済んでいますか？

最後に仕上げのチェックをする

ここまでチェックできたら、最後は仕上げのチェックです。仕上げのチェックとしては、次のようなことを行ってください。

・書体や組み替えをしてチェックしてみる

原稿の書体を変えてみたり、横書きあるいは縦書きに変えてみたりすると、執筆時には気付けなかったことを発見できることがあります。

・いろいろなパターンで音読してみる

次に、実際に声を出して音読してみてください。音読する時は、少し早めに読んだり、遅めに読んだりしながら、文章のテンポを確認します。原稿の書き方を説明したところでは、テンポよく読めることが大事だとお伝えしました。実際に読んだときに、自分の原稿がそのようになっているのかどうかを確認しましょう。

・タイトルにキーワードを入れていく

最後に、タイトルにキーワードを入れてください。このキーワードとは、読者がネットで検索するときに入力するであろうキーワードを指します。章タイトル、節タイトル、項の見出しは、書籍の目次としてネットで表示されますから、ネット検索されたときにきちんと探してもらえるように、キーワードを入れておきましょう。

自分で売りたくなる書籍になっていたら完璧

原稿の推敲が終わると、ようやく編集者へ送ることができます。編集者へ原稿を送ってしばらくすると、あなたの元には「ゲラ」と呼ばれる原稿が届きます。ゲラとは、あなたが書いた原稿をもとに、編集者が編集した原稿のことです。ゲラが届いたら、読者になったつもりで読んでみましょう。その際に気をつけることは次の3つです。

・ビジネスにつながりそうか？

届いた原稿を読んで、あなたのビジネスに申し込みたくなるかどうかを考えてみてください。もしそういう気持ちにならないと感じるのであれば、何をどうすればそうなりそうなのかを考えます。

・出口戦略はできているか？

書籍を読んで感情が高まり、何か自分もやってみたいと思った読者が行動に移す際、自分のビジネスに誘導できるようになっているでしょうか。

書籍の最後に書かれる著者プロフィールに自分のホームページやブログ、SNSのURLを掲載するほか、リスト獲得のためのページも用意してください。あからさまにメルマガに登録させるようなページを掲載すると、「メールアドレスの取得が目的なの？」と敬遠されかねません。本文中で扱ったワークをダウンロードできるようにするなど、さりげなく獲得できる工夫があると良いでしょう。

それから、「終わりに」の本文中で、読者に向けて親切なメッセージをひと言添えておくのもオススメです。「もし何か困ったら、気軽に質問してください」と書いておくと、読者も「信頼できそうな人だな」と思ってくれます。大量に送られてきても対応できないかもしれないと思うかもしれませんが、実際は100通くらい届けば良いほう。対応できないほど送られてくることは滅多にありません。

・Amazonのレビューもチェックしよう

Amazonなどネット書店のレビューも確認しておきましょう。どんなことが書かれているのか、その内容をチェックして、自分の書いた内容にも言えるようなことがないかを確認します。もし、「このまま刊行したら、自分も同じことを言われそう……」などと思うことがあるなら、その要素をきちんと潰しておきましょう。

CHAPTER

06

刊行された書籍の売り方・使い方

SECTION 01

商業出版は書籍を刊行されて終わりではない

書籍は出版するまでより出版されてからが大事

出版企画書が採用され、無事に書籍の原稿も書き上げることができた。そこまで来れば、あなたの著者としての人生の幕開けはもうすぐそこまできています。できるだけ息の長い幸せな著者人生を歩むため、そして出版の本当の目的であるビジネスを加速させるためには、これからお伝えする刊行された後のあなたの振る舞いがとても重要です。

書籍は、出版するまでよりも出版されてからの方が大事です。というのも、書籍が刊行された時点では、まだ出版社は完全な赤字状態だからです。あなたの可能性を信じてあなたに投資した出版社にきちんと恩返しができるのかどうか。あなたの真価が問われるときだと言っても過言ではありません。

書籍の原稿執筆は、決してラクな作業ではありません。それに、その前段階である企画書を通すことだってひと苦労。だからなのか、その成果物として書籍が出来上がってしまうと、それでやれやれと満足してしまう人も多いのが現実です。

しかし、ここでのんびりしていてはいけません。自分が何のために出版をしたのかを思い出してください。書籍の発刊後、あなたがすべきことは、ビジネスを加速させられるように、書籍をとにかく必死で売ることです。

書籍の刊行後、あなたが常に頭に入れておくべきことは3つあります。まずは、出版することだけを目的にしないということを忘れないこと。次に、とにかく書籍を売ること。最後に、きちんとビジネスを加速させることです。

出版することだけを目的にしないというのは、どういうことでしょうか。

私はこれまで大勢の著者を輩出するお手伝いをしてきましたが、中には出版することだけを目的にしていて、言葉通り出版しただけで終わってしまう人もいました。出版すれば何とかなると思う人もいますが、本当に何ともならないことが多いのです。

出版社から300万円という高額な投資を受けて、晴れてあなたは著者デビューとなったわけです。でも、著者という肩書きを手に入れたからといって、何もしないでいては、なかなか書籍は売れませんし、あなたのビジネスだって加速はしません。

出版の世界というのは、書籍が毎月何百冊も刊行されていますから、入れ替わりの激しい世界です。そんな激しい競争の中で、まだ無名の著者が1冊出版したところで、爆発的に書籍が売れることなどほぼありません。かといって、新刊が出たといって著者が頑張れるのは大体半年くらい。それ以降は、鮮度も落ち、売れ行きが落ち着いてしまいますから、著者がひとりで頑張ってもなかなか難しいのが現実です。

ということは、刊行されてからの半年間、まずは少なくとも損益分岐点まで書籍を売ることに注力すべきなのです。その期間での頑張りによっては、次の出版につなげられるかどうかも変わります。

著者として書籍の売れ行きが3割以上が理想

次の出版につなげる話をしましたから、ここで、著者として書籍の売れ行きがどのくらいあれば2冊目、3冊目と次の書籍が出せるようになるのかをお伝えしていきましょう。

出版業界ではよく、「著者の3割バッターの法則」と言ったりしますが、書籍の売れ行きが3割以上をキープしていれば次の書籍が出版できるということです。どういうことなのか、次の図をみて見てください。

1冊目の書籍がきちんと売れれば、10割のほうに進みます。もしここでまったく売れなければ、0割なので次のチャンスは当然ありません。でも、10割の方へ進むことができれば、2冊目を出版することができます。2冊目もきちんと売れればいいので

著者の3割バッターの法則

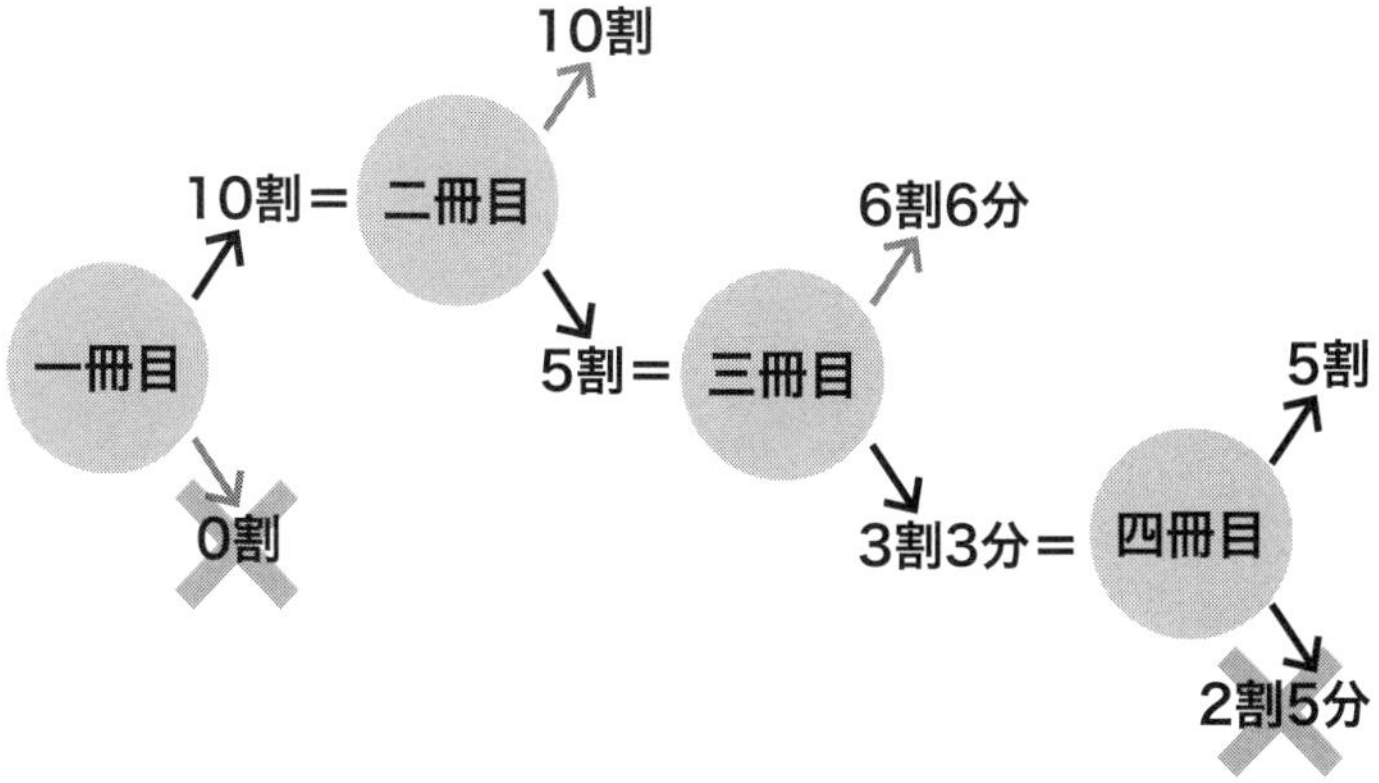

すが、もしここで売れなくても、成績は5割。3割以上をキープできているので、実は3冊目も出版可能です。では3冊目。2冊目も売れずにもし3冊目もあまり売れなかったとしましょう。でも、まだここでは成績は3割3分で、3割以上をキープできているのです。ということは、4冊目の出版も可能というわけです。

ここからもわかるように、1冊目はかなり重要です。もはや1冊目の成績が著者人生を決定づけると言っても過言ではありません。

とにかく出版社に損はさせないことを意識する

1冊目を売ることの大切さはおわかりいただけたでしょうか。

最初の書籍を必死で売ることは、あなたのためでもありますが、出版社への恩返しにもなります。無名のあなたの可能性を信じて投資した出版社に対し、少なくとも損をさせないような努力はしてもいいはずです。

そうして努力した先、結果的に書籍が売れるとどうなれるのでしょうか。もちろんあなたにも出版社にも利益がもたらされ、あなたのビジネスが加速していくことでしょう。でも私は、著者としての出版の本当の価値は別のところにあると思っています。

それは何かというと、多くの人に書籍を届けた結果、どれだけの人の人生を好転させられたのかということです。どれだけの人の人生を好転させられたのか、その総量が著者の価値であると考えます。ただ出版して自分だけが幸せになるのではなく、書籍を通してひとりでも多くの読者を幸せにできるような著者を目指して欲しいところです。

SECTION 02

出版した書籍は自分でしっかり販促しよう

あなたの書籍が刊行されて半年間の販促戦略

著者の力で書籍を売ることができるのは、大体半年だとお伝えしました。ですから、この半年間はあなたにとって勝負の時。書籍をしっかり売るために、半年間の販促戦略を立てていきましょう。まず、刊行されてからの半年間を、3つの段階にわけて考えます。その3つとは、予約段階、新刊段階、既刊段階です。それぞれ、どのような段階であるのか、そして具体的にどのようなことをすればいいのかを順に説明します。

・予約段階

予約段階とは、出版が決定した段階です。すでにファンがいる人は、出版が決定したことをお知らせして、ファンの期待値を上げていきましょう。書籍の予約ができるようになったタイミングでファンに促し、注文数を増やしましょう。そうすることで、出版社のさらなる期待を引き出すことができます。出版社の期待値が高まれば、書籍の販促に力を入れてくれるようになります。

・新刊段階

新刊段階は、著者の影響力が最も出しやすい段階です。新刊の時が一番書籍が売れやすい時ですから、より多くの書店に置いてもらえるようにするには何をするべきかを考えます。新刊として書店に並んだ後、書店の中で動きがあれば、書店員も「この本は結構売れているかも」と気付いてくれ、よりいい場所に陳列してくれたりすることもあります。

・既刊段階

新刊段階が落ち着いた後は、既刊段階へと突入していきます。この段階では、一過性ではなく息の長い長期的な販促を考えるようにします。できるだけ長く書店に置いてもらえ、定番本となるようにしていきましょう。

ネットを使った販促戦略

今の時代、書籍の販促活動をするのにネットを使わない手はありません。ありとあらゆるメディアを使い倒して、書籍のプロモーションを仕掛けましょう。

ネット使った販促戦略として私がよく使うのは、AmazonキャンペーンとSNSによるプロモーション、そしてブログ上でのセールスです。

・Amazonキャンペーン

Amazonキャンペーンとは、限られた期間内に買ってくれた人に特典を用意して、書籍の販売を促進する方法です。Amazonキャンペーンについては賛否両論ありますが、私の体感としては、無名の著者が行うプロモーションとして一番効果的な販促戦略だといえます。

あらかじめ決められた期間内に集中的に買ってもらうことによって、書籍の人気ランキングが上がっていきます。するとそのランキングを見た人が、気になって、買ってくれたりしますし、実際に上位表示されていることでセミナーや講演の依頼が舞い込んだという著者もいました。ランキングの上位を獲得することで、その後の書籍のプロモーションもやりやすくなりますし、キャンペーンに申し込んでくれた人たちのリストを集めることもできます。

書籍の購入数が増えれば、増刷されるまでの期間も短くできるのですから、著者としてはいくつもメリットを享受できます。

・SNSによるプロモーション

SNSを使ったプロモーションも有効です。SNSのプロモーションでは、時期を利用して、クリスマスキャンペーンやお年玉キャンペーンといった形で、書籍の存在をPRします。SNS広告を使ったプロモーションも効果的です。

・ブログでのセールス

自分のブログがある人は、そのブログを使ってセールスすることも考えてみましょう。ブログのサイドバーなどで直接的なPRをすることもできますが、記事の中で、自然な文脈で誘導できると、売り込み感が少なくなります。ブログの場合は、検索エンジン経由の訪問者もいますから、書籍に関係する検索キーワードでアクセスしてきた読者に対しては、最終的に書籍の販売ページへ誘導できるように設計しておくといいでしょう。

Amazonキャンペーンのポイント

先ほども伝えましたが、Amazonキャンペーンは、著者主導で行う書籍の販促活動のうち、最も効果のある方法です。でも、せっかくやるのでしたらきちんとした成果を残したいですよね。では、成果を出すために、Amazonキャンペーンで何をしたらいいのでしょうか。

まずは、Amazonキャンペーンを行う流れを理解しておきましょう。

Amazonキャンペーンを行うときは、最初にキャンペーンを行う日程を決めてください。日程のルールはありませんが、ネットがよく見られる火曜日から木曜日の間に行うのがオススメです。Amazonキャンペーンは、書籍を購入してくれた人へ特典を用意することで、よりたくさんの多くの人に購入してもらう企画です。なので、何を特典にするかを決め、キャンペーン用のランディングページを作成してください。

　キャンペーンの2週間前になったら、キャンペーンを応援してくれるグループを作成し、そのグループへ応援者を集めましょう。あまり早くから集めてしまうと、肝心のキャンペーン当日に盛り上がらず失敗に終わってしまいます。2週間かけて応援者を集めたら、キャンペーンで何をして欲しいのか、徐々に教育していってください。ちなみに、「応援してください」と言うだけで

Amazonキャンペーンの流れ

①日程を決める

▼

②グループを作る

▼

③応援メンバーを集める

▼

④アナウンスしていく

▼

⑤キャンペーン当日

は買ってもらえません。「購入してください」と、相手にして欲しいことをはっきり伝えてなければ人は動きません。買って応援したくなるような努力は必要ですが、訴求の仕方にも気を配ってください。

先ほどの図のような流れでキャンペーンを実施していくのですが、キャンペーンを行う上でのポイントは次のようなものがあります。

□ランキングも大事だが、実際は部数の方が大事
□可能なら予約段階で開催すること
□友達がパソコンの前にいるタイミングに投稿する
□特典は、全員配布と抽選の2種類用意する
□特典の内容は、著者らしさが重要
□友達に買ってもらうだけでは無意味
□友達がシェアしやすい内容を提供する
□心のこもっていないと感じさせるので、定型文は配布しない

□ 出版が決まった時から情報発信を始めていく
□ 2週間前ぐらいから盛り上げていく
□ 買ってくれた人や紹介してくれた人に感謝する

Amazonキャンペーンを成功させるために大切なことは、まず自分に協力してくれる人たちを、協力してあげたいという気持ちにさせることです。そのような気持ちになってもらうためには、著者であるあなた自身の振る舞いが何より大事です。

偉そうにしていたり、応援してくれて、買ってくれて当然というような態度をしていたりでは、誰も協力してあげようとは思いません。政治家のドブ板選挙のようにとまでは言いませんが、それに近いくらい頭を下げてもいいくらいです。あなたはただ、出版しただけ。著者という肩書きが増えたからといって、偉くなったわけではありません。みんなから応援してもらえるような謙虚な態度を貫きましょう。

書籍が売れるのは、もちろんAmazonのようなネット書店だけではありません。リアル書店にも置いてもらえるわけですから、リアル書店での販促戦略も考えていきましょう。

リアル書店での販促戦略

リアル書店での販促戦略のポイントは、できるだけ多くの書店において、書籍がきちんと売れていることを数字として表せるようにする必要があります。

書店で書籍を購入する際は、その購入者のざっくりとしたデータがＰＯＳデータに登録されます。例えば、男性か女性、年代のような情報です。他に、購入された日付や時間も登録されます。

極端な話、全国の書店で売れた方がいいからといって、あなたがひとりでいろいろな書店を回って購入したところで、データに偏りが出てしまいます。そうすると、著者の自己買いであることがすぐわかってしまうため、結果、その書籍はあまり売れていないという評価になってしまいます。

いろいろな人から書籍をリアル書店で買ってもらう方法としては、著者になったあなたが、全国でセミナーをするという方法があります。全国でセミナーをして、その参加者の人たちに書店で自分の書籍を購入してもらうように促すのです。参加者の全員が購入してくれるわけではないにせよ、誰も購入しないということはないでしょう。セミナーで全国をまわる度に宣伝すれば、全国各地で購入者が出ます。地道だと思われるかもしれませんが、そのような地道な活動こそ身を結びます。

書店まわりのポイント

リアル書店での販促を行うにあたり、書店まわりのポイントをお伝えしておきましょう。書店員は、基本的にとても忙しい人たちです。いつ行っても歓迎されるわけではありません。嫌われてしまえば、書籍を置いてくれなくなる可能性も……。書店まわりのポイントはお伝えしますが、あまり勝手な行動はせず、わからないことは事前に編集者に相談してみることをオススメします。

書店まわりをするときは、次のことに注意してください。

□都内の大型店は忙しいので避ける
□出版社から売上好調店を効く
□地方の書店、地元や出身地の書店
□忙しくない時間帯を狙う（午前中）
□土日は避ける
□レジに人がいるときは話しかけない
□負担になるような手土産はいらない
□簡単なノベルティを作っておこう
□モノより、土産話を持っていく
□ＰＯＰやサインはダメもとで
□自分の本を売り込まずにお礼を言う
□手短に話す

ときどき、大物著者であるかのように、横柄な態度をとる人もいるようですが、書店員からしたら、迷惑以外の何ものでもありません。忙しい時にわざわざ自分のために時間を割いてくれているという意識を持ちましょう。

あなたの態度だけで、書籍の展開が決まるわけではありませんが、書店員だって心を持った人間です。あなたの印象がよく、頑張っているあの著者を応援してあげたいと思ってもらえれば、少し長く置いてもらえたり、ＰＯＰを置いてくれるなどして販促に協力してもらえることもあります。

SECTION 03

出版した書籍を使ってビジネスを加速させる

キャンペーンで集めたリストを使い倒す

無事に商業出版ができたのですから、書籍の販促活動も行いながら、本来の出版の目的である自分のビジネスを加速させられるようにしていきましょう。まずは、書籍の販促活動として行ったAmazonキャンペーンで集めたリストを使って、ビジネスを加速させていく方法です。

キャンペーンで集めたリストは、自分のビジネスのプロモーションに使えるでしょう。用意していたバックエンド 商品をセールスして、一気に商品を売るという発想もありですが、せっかく出版することで集めたリストを、たったそれだけのために使用するのは少々もったいないです。定期的なキャンペーンを行うなどして、自分の読者との接触頻度を高め、固定客（ファン）になってもらえるような工夫をしていきましょう。ときどき有益な情報を発信して、せっかく書籍を通して作った信頼関係が薄れていかないようにしてください。

書籍を方々に献本してビジネスを加速させる

書籍を献本することで、ビジネスの加速を狙うこともできます。書籍の献本先として候補によく挙がるのは、メディアや商工会議所、そしてセミナーの参加者です。メディアの場合は、雑誌やテレビの制作会社、あるいはタウン誌、業界紙を制作している会社などがあります。会社ではなく人に向けて献本する場合は、書籍の売れ行きに影響しそうな著名人や、業界の有名人、あるいはメディアで執筆しているライターや編集者に献本するという方法もあります。

しかし、献本にもマナーがあります。ある日突然書籍を送ってきて、「よければ、私の書籍を紹介してください」という人もいます。でも、どんな義理があってそんなことをしなくてはならないのかを考えてみて欲しいです。自分の著書が無料で手に入るのだからと、紹介してくれて当然という態度をする人もいます。いいことをしたつもりでいるのかもしれませんが、受け取った側は迷惑に感じることもあるのです。いきなり送りつけることはもちろん、「献本したいので発送先の住所を教えてください」などと、突然メールを送るのもやはり失礼です。

失礼だと思われず、自分の書籍を取り上げてもいいと感じてもらえるようにするには、プレゼント提供が効果的です。読者プレゼントとして無料で書籍を提供するので献本させて欲しい、もしくは取材をしてもらいたい……。このように、相手にもメリットがあるような伝え方ですれば、全員ではなくても話を聞いてくれる人はいるはずです。

実用書の場合は、商工会議所向けに献本するのも効果的です。例えば、ネット集客の方法について書かれた書籍であれば、それを必要とする人たちは、何か自分でビジネスをしている人たちです。商工会議所に集まる人たちの多くは経営者。要するに、自分でビジネスをしている社長や個人事業主たちがいる場所に献本してはどうか、という話です。商工会議所の他には、観光協会や倫理法人会、守成クラブなどもあります。

著者の中には、セミナーに参加してくれた人にプレゼントしている人もいます。セミナーの参加者に購入してもらおうとする人もいますが、既にセミナー料金を支払ってきてくれた人たちに、さらに追加でお金を出させようとするのは、あまり見栄えもよくないものです。

もし、無料でプレゼントするという形を取りたくないのであれば、書籍を購入してくれたら、セミナー料金から書籍代をキャッシュバックするという方法もあります。実際は無料で書籍をプレゼントしていることになるのですが、金銭の授受が発生することで、お金を出して購入した感覚やお金を払ってもらった感覚が得られ、お互い満足するケースもあります。

書籍の読者を集めてコミュニティを作ってみる

書籍を購入してくれた読者から成るコミュニティを作り、そこを起点にビジネスを加速させていく方法もあります。よくあるのは、サポートコミュニティです。

書籍ではわからないところがないように丁寧に解説する必要がありますが、丁寧に解説しても、実践する途中で不安になってしまいアドバイスを受けたくなる読者は一定数います。また、1人だけではなかなか継続できないので、コミュニティの中で一緒にやりたいという読者もいます。そういった欲求を持っている読者のためにサポートコミュニティを用意し、コミュニティ運営をしながら、自分の実利につなげることも可能です。

最近ではオンラインサロンが人気ですが、読者をオンラインサロンに誘導し、次回本が出版された時には、メンバーにプレゼントするというやり方は、メンバーから喜ばれファンもできます。また、実践会などを開催する方法もあります。読者の中からリーダーを募り、全国組織化や協会ビジネスを狙うことも可能でしょう。

SECTION 04

二冊目、三冊目の商業出版を目指そう！

一冊出版して終わる著者が多すぎる現実

せっかく出版しても、1冊出しただけで終わってしまう著者はとても多いです。1冊出版しても、その効果は大体3年くらいです。すでにお伝えしたので、覚えていらっしゃると思います。

出版することでブランディングやビジネスの加速につなげるには、1冊出版して終わるのではなく、継続して出版できるようにすることを考えてください。本書の5章でお伝えしたように、「著者の3割バッターの法則」がありますから、まずあなたができることは、1冊目の著書をとにかくしっかり売り切ることです。

ただ、あまりに次の書籍を出版することに囚われすぎると、インプットとアウトプットのバランスが崩れ、書籍のクオリティが担保できなくなってしまいます。書籍のクオリティが担保されないと、読者の満足度が下がり、結果的に著者寿命を縮めることにもなりかねません。

1冊目を出版してその売れ行きが良い場合、他の出版社から声がかかることもよくありますが、インプットとアウトプットのバランスに注意してください。慌てたところで、いいものが作れなければ、いい結果にはなりません。書籍の出し過ぎというのもおかしな話かもしれませんが、出版の頻度には要注意です。

複数の書籍を出版してブランディングする方法

たった1冊出版しただけではその効果は限定的となってしまいますが、複数の書籍を出版できれば、より高いブランディング効果を得られるようになります。

出版したいという人はたくさんいたとしても、実際きちんと出版を実現させられる人は限られます。出版という道を志す途中で挫折してしまう人たちの中には、著者になるという覚悟が持てずに断念される人も少なくありません。

でも、無事に企画書を通し、書籍の原稿を書き上げ、さらには刊行後の販促活動もしっかりと頑張ってきたあなたには、その覚悟が備わっているはず。複数の書籍を継続的に出版するというのは、けっして簡単なことではありませんが、きっとあなたなら掴み取っていけるでしょう。

複数の書籍を出版することで、ブランディングする方法としては、次のような3つがあります。

・売れやすいカテゴリーから出版する

自分の得意なカテゴリー、書きたいカテゴリーがあったとしても、その時の流行や類書の売れ行きによっては、希望のカテゴリーで出版してもうまくいかないことが予想される場合もあります。そんな時は、まず自分が売りやすいカテゴリー、売れると思えるカテゴリーから攻略します。複数の書籍を出版していきながら、徐々に本命のテーマに寄せるという方法です。

・カテゴリーごとに出版する

カテゴリーごとに出版していく方法とは、大カテゴリーは同じでも、小カテゴリーでいくつか出版し、面で攻めるというものです。例えば、あなたの専門がＷｅｂ集客だったとします。この時、Ｗｅｂ集客という切り口で出版しても、やや抽象的な切り口なのであまり読者に必要だと思ってもらえない可能性があります。

でも、「Twitter集客、Instagram集客、ブログ集客などと、Ｗｅｂ集客という大きなカテゴリーは同じでも、小さなカテゴリーとしては異なる書籍をいくつか出版すると、「Ｗｅｂ集客に詳しい人」というブランディングができます。

・ベストセラーを狙ってみる

実用書は具体的な内容がコンテンツになりますが、複数の出版ができるようになったら、内容を抽象化して一般書にチャレンジしてもいいかもしれません。一般書で挑戦する場合は、その時に売れている書籍の切り口やテーマを変えてトレースするイメージで応用し、企画を立ててみるといいでしょう。このように、戦略的に考えながら複数の書籍を出版し、著者としてのブランディングを強固なものにしていってください。

私は編集者である側ら、出版プロデューサーでもあります。その出版プロデューサーとして多くの著者になりたい人たちを接するのですが、その際にいつも考えていることがあります。それは、出版することで幸せな著者になってもらいたいということです。

書籍には、魔力があります。それは、人の人生を大きく変えてしまう力です。この力は、扱う人によって如何様にもなります。間違った使い方をすれば、人を豹変させてしまいますし、正しい使い方をすれば、より多くの幸せをもたらしてくれます。

多くの著者を見てきて、全ての人に対し同じ内容のアドバイスを行い、著者としての立ち振る舞いなど、注意すべきことや伝えられるノウハウは包みかくさず全て伝えるようにしています。しかしながらその結果は、見事なまでに人によって違います。

また、書籍によって変わる可能性があるのは、著者だけではありません。読者にも大きな影響をもたらします。いくら実用書とはいえ、その存在は読者の悩みや欲求に対して向けられる内容です。ということは、あなたの書籍を手に取った読者が、あなたの書いた内容によって救われることも大いにしてあるということです。「救われた」まではいかずとも、書籍をきっかけに著者と知り合い、人生が変わるような出会いを経験している読者は少なくありません。このように、出版の向こう側には、素晴らしい人との出会いや、新しいステージへと引き上げてもらえるような仕事との出会いが待っているのです。

幸せな著者になることは簡単ではありませんが、決して手の届かない世界の話ではありません。本書を通して正しい出版の方法を知り、正しい手順で行いさえすれば、必ず実現させられるはずです。

著者紹介
山田 稔（やまだ みのる）

現役書籍編集者、出版実現コンサルタント

千葉県出身ブラジル育ち。出版社で勤務後、編集プロダクションとして独立して20年以上書籍編集者として活動中。その間、1000冊以上の実用書の制作に携わる。また出版実現コンサルタントとしても活動しており、圧倒的な商業出版実現率を誇る。なかでもビジネスにつながる企画立案には特に定評があり、著者の出版後の飛躍に大いに貢献している。

大好評の出版セミナーは、受講料（2日間3万円）だけで企画書添削から出版社へ売込までを完全サポート。全国の参加者から著者を輩出し、数々のベストセラーも手がける。

自らも著者として活動中。著書には『ひとりではじめるコンテンツビジネス入門』（つた書房）がある。

yamada@shuppanproduce.jp
https://shuppanproduce.jp/
https://shuppanproduce.com/

出版企画書の書き方マニュアル無料ダウンロード
https://shuppanproduce.jp/kakikata/

編集協力●西田かおり

書籍編集者が教える 出版は企画が9割
仕事につながる出版とつながらない出版

2021年12月20日　初版第一刷発行

著　者　　山田稔
発行者　　宮下晴樹
発　行　　つた書房株式会社
〒101-0025　東京都千代田区神田佐久間町3-21-5　ヒガシカンダビル3F
TEL. 03（6868）4254
発　売　　株式会社三省堂書店/創英社
〒101-0051　東京都千代田区神田神保町1-1
TEL. 03（3291）2295
印刷／製本　シナノ印刷株式会社

ISBN978-4-905084-49-5